回到初心

華人保險天后陳明利的慕勤人生

陳明利——著

請您相信保險的重要性，
請給

放入名片

一個機會為您服務，
幫您的人生做最好的防護機制。

誰不會遇到困境呢？最重要的就是心隨境轉。無論面對多少困難，都要記得面對它，接受它，解決它，放下它！

一個人要以無生之覺悟為有生之事業，以悲觀之體驗過樂觀之生活。

不羨慕別人的財富，唯獨羨慕比我勤勞的人。人的一生都會面對許多困難和挑戰，只要腳踏實地、努力勤勞，人生一定可以豐富多采。

慕勤，

回到初心，是我感恩無悔的人生。

【推薦序】

感悟生命，影響心靈

陳明利博士感悟生命，以《回到初心》一書，將她人生旅途中，交錯的生命故事與際遇，真實的悲、喜、憂、歡，分享給大家。

我誠摯衷心的祝福，並希望這本最佳勵志好書，能影響更多年輕世代的心靈。

法王 傑堪布 吉美丘札

第七十世 不丹國師

二〇一八・〇三・二一

"Insights into Life- An Autobiography"by Dr. Mary Chen Ming- Li reveals her genuine life experiences- both the good and the bad, the happiness and the sorrow, that she has encountered on her life's journey. It is my sincere hope and prayer that this book will be one of the great inspiration and benefit to the minds of younger generation.

his holiness the 70th Je Khenpo of Bhutan, Trulku Jigme Chodrak

2nd March, 2018

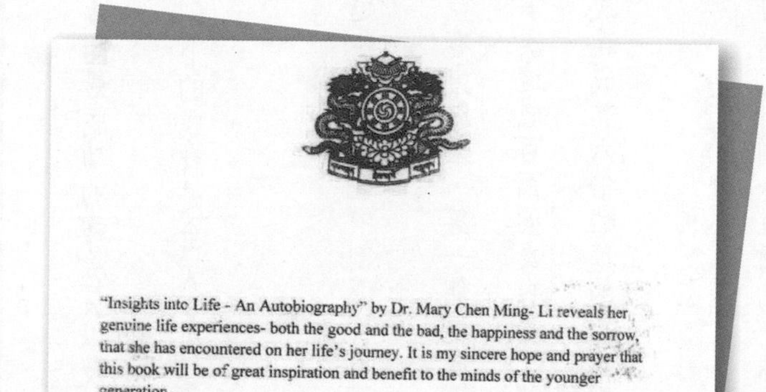

"Insights into Life - An Autobiography" by Dr. Mary Chen Ming- Li reveals her genuine life experiences- both the good and the bad, the happiness and the sorrow, that she has encountered on her life's journey. It is my sincere hope and prayer that this book will be of great inspiration and benefit to the minds of the younger generation.

His Holiness the 70th Je Khenpo of Bhutan,

Trulku Jigme Chodrak

2nd March, 2018.

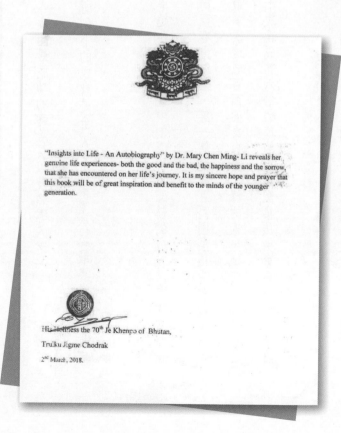

【推薦序】璀璨的人生故事

陳明利博士是ＡＩＡ集團最成功的壽險員以及領導人之一。

在過去三十六年她所創下的成就是全ＡＩＡ集團公認最專業最被肯定的領導人。

明利她在壽險領域卓越非凡的生涯中創下許多顯赫的成就，其中包括：一九八九年她是東南亞有史以來，第一個達成百萬圓桌頂尖會員ＴＯＴ資格的壽險員，她也是最多次達成百萬圓桌會員記錄的人，她三十四次達成百萬圓桌會員，且有三十次達成其六倍難度的百萬圓桌頂尖會員資格（也就是ＴＯＴ）。

二〇〇二年在美國年田納西州納什維爾的全球百萬圓桌大會，她是第一個以華文演講登上大會主講台的第一人，這是一個令人振奮與驕傲的紀錄！

明利的成就無疑地展露她堅強的毅力，全心的奉獻及領導力，因此ＡＩＡ特聘她為ＡＩＡ集團親善大使，二〇一〇－二〇一四年間巡迴亞太地區五年，啟發並激勵亞太地區的銷售精英團隊。

明利是一九八二年加入ＡＩＡ，她的先生李喜蒙是她的經理，也是ＡＩＡ公認最優秀的團隊領導人之一，他們兩人並肩搭檔其合作模式與他們的專業成功，是所有壽險人員最真實的楷模。（先生已獲終身成就獎）

明利啟發了無數的世人，希望您也透過本書透過她璀璨的人生故事與卓越的成就，受到她的啟發與鼓舞。

黃經輝 ＮＧ ＫＥＮＧ ＨＯＯＩ

友邦保險控股有限公司集團 首席執行官兼總裁

Dr. Mary Chen Ming Li is one of AIA Group's most successful agents and agency leaders. Over her 35 years with AIA, she has accomplished much and is now widely regarded as one of our most professional and well-recognised leaders across the entire Group.

Throughout her illustrious career, Mary has achieved many significant records and industry recognitions. She was the first agent ever in Southeast Asia to qualify for MDRT Top of the Table membership in 1989. Mary is also one of our longest serving MDRT Life members, having qualified for 31 years, 28 of which as a Life and Qualifying Top of the Table member. In 2002, she also became the first Chinese speaker ever on the Main Platform at the year's global MDRT meeting in Nashville, Tennessee. These are tremendous accomplishments and a true testament to Mary's strong perseverance, commitment and leadership. Mary was also appointed AIA Group Agency Ambassador from 2010 – 2014, during which time she inspired and motivated our market-leading agency force across the entire Asia-Pacific region.

Mary joined AIA in 1982 under the management of her husband, Mr. Rayner Lee, one of our most successful and well-recognised agency leaders within the Group. Together, they are an incredible partnership and are true role models of entrepreneurship and professionalism for agents around the world.

Mary has inspired many people around the world and I hope that you will be equally inspired by her tremendous story and great achievements.

NG KENG HOOI

Group Chief Executive & President, AIA Group Limited

【推薦序】

人生體悟在回到初心

我與明利相識於三十多年前，我上新加坡的電視台，她主持的綜藝節目。

那時的我們都還是電視明星，互相知道彼此，但僅止於點頭之交。沒想到，當我們分別淡出演藝圈後，因緣際會讓我們透過她的親人再度相聚。遠嫁新加坡從事保險業的她，與在台灣開啟新事業的我，反而成為無話不談的朋友。至今我們的感情如姊妹，明利回台灣時，我家就是明利的娘家；而我到新加坡時，她也是無微不至照顧我。

明利的第一本書《借衣公主》出版時，我有幸為她撰寫推薦序。時隔二十三年，喜見她的第二本書《回到初心》出版，也謝謝明利邀我寫序。

明利非常有愛心又內斂，對家族的付出與包容，是中國家庭傳統女性的代表。多年來，除了對家鄉的愛與關懷，她也陸續在中國蓋了幾所小學，學校名字就取為「幕勤」。

今天的明利創下的成就，用「華人保險天后」來稱呼她一點也不為過！

有一天我到新加坡，在她家用餐後聊了一會兒，她告訴我明天要考試她要去背書。我看她捧著一本厚度超過七、八公分像大辭典的英文書努力背書，她告訴我新加坡的金融保險法條規嚴，即使已經有壽險執照，但是因應時代轉變，新法令一出來，他們就必須依照法令規定考取新執照才能執業。我問那是各種年齡都要考試嗎，她說是的，沒有例外，即便她已經獎項無數。

當場我聽了傻眼，真的翻起來一看密密麻麻的。隔天考完，她告訴我她過關了，但是許多大學畢業生或專業金融保險科系專科畢業也是一再重考，無法一次過關考到執照！回想那天她還悠然陪我吃飯，白天跑業務、晚上背書考執照，想想我們再怎麼樣都會因為年長記憶衰退，明利一次就考過，她的毅力實在太不容易了！

更令人敬佩的是，她年年挑戰百萬圓桌會員，更在二〇一七年達到第三十次「頂尖會員」的資格！

二〇〇二年的有一天她告訴我，她是美國百萬圓桌會員大會七十五年來第一個站上主講台演講的華人，我真的太為她高興，明利不僅是台灣之光更是為我們華人的驕傲。明利我好為您驕傲！你做到全世界沒有幾人可以達到的成就啊！

從事保險業至今，明利拿過無數冠軍。近年開始帶領團隊，不但團隊業績長紅，身為領導人的她，也以身作則在他們的保險公司拿下個人業績第一。更棒的是，她的團隊拿到ＡＩＡ銷售團隊冠軍七次之多啊！

二〇一七年應該是最令她刻骨銘心的一年！二〇一六年末，明利力邀我到新加坡義演。活動結束，我離開新加坡，他們前往不丹，幾天後傳來她先生在不丹不慎摔落的消息，實在不敢相信才好好的人怎麼一下子出了這樣的事情。

當我第一時間知道她先生傷勢嚴重，徹夜難眠為他們禱告。

幸好有非常多人協助，經過重重困難他們終於在四十八小時內搭乘醫療專機回到新加坡開刀救治。我為他們焦急也捨不得，復健之路是何等辛苦啊！

二〇一六年末到二〇一七年是她們夫妻人生非常挑戰的一年。他們夫婦在醫院度過多少次手術開刀與復健的歲月，但是明利不曾因此停下他們的事業，也不曾找藉口，她二〇一六年仍然獲得亞洲第一屆最激勵人心壽險員與領導人大獎！

二〇一六和二〇一七年，她也挑戰百萬圓桌第三十四次會員與第三十次頂尖會員成功，他們的毅力真的令人佩服啊！

認識明利至今，我要說，明利的成功絕不是偶然，她非常非常敬業，對待每一位客戶及每一位夥伴，以及身旁的每一個人，都是以愛心與關懷為出發點。

她告訴我為何為何校名是「慕勤」小學，明利的自律、勤勞是一向的態度，她是個愛家，非常重情重義的人，睽違二十三年閱讀她的新書，《回到初心》與《借衣公主》亦同亦不同。

不同的地方在於，《回到初心》並非一本業務工具書，而是明利數十年的人生體悟，更是勵志勉勵的一本好借鏡。

相同之處在於，《借衣公主》中提到的大客戶們，在《回到初心》中也會出現。只不過今非昔比，許多客戶在這二十三年間的際遇轉折，令人不得不說：人生，真的無法預知。

無論客戶遇到什麼困難，明利總是在最快的時間內協助。客戶都知道她的用心與真心，甚至有大客戶在臨終前將所有的事情都託付明利處理，這需要多麼大的信任啊！

欣見明利即將出版第二本書，及第三本書《本分》。深深為她祝福，也恭喜看到本書的讀者：您，有福了。

人說十年風水輪流轉，每一個十年，時代的趨勢就明顯轉變。

她認真學習勤奮工作，從呼叫器的時代我與她重逢，到有手機甚至智慧型手機，明利一路走來總是努力學習。不論是哪個年齡層的朋友們，明利的人生與成就都值得學習！

她人生的這部勵志故事，是人生精粹。尤其是看似與業務無關、實則是打通業務任督二脈的秘法，就看您是不是那位有「心」人了！

湯蘭花

影視歌三棲紅星

二〇一八・〇三・二三

【推薦序】

滋潤心田的生命之旅

陳明利，這個名字對台灣的五年級生來說，是大家的共同記憶。

雖然台視開台最早，但不知為什麼，記憶中「電視玉女」當年都集中在中視——陳明利、謝玲玲、李慧慧……

我在那個年代長大，一個單純、樸素、物質不豐、娛樂不多，卻充滿希望的六〇年代。因此，對於「美好」的印象特別深！

時光流轉，三、四十年後，因為看板人物報導，再見到明利姊，她的人生已經如同高上低下再峰迴路轉的雲霄飛車——狠狠的轉了好幾圈了，而印證孩時看電視劇的印象，吻合度依然非常高。那就是她本人透露出的清秀、純雅，和踏實不虛。

TVBS看板人物尋找的對象，如果以類別來說——其實非常難以框架歸類。只能說：都是海內外華人觀眾知曉的公眾人物。

然而每個人的生命之旅，都有自己的幽徑；而往往在那人跡稀少的幽徑路途中，更看出不同來賓的生命光華，一種寒梅撲鼻香的苦盡甘來。

明利姊異鄉做他鄉，咬牙拚存活，拚出亞洲保險王第一的人生，有很長一段時間，都是默默走在這樣極少人相伴的幽徑裡，但是因為她單純專注的專注保險，專注以保險幫助他人生命保障的心法，讓這條幽徑，終於指向柳暗花明。

這次這本新書，讓所有讀者有機會走進當年那條陳明利的身心靈上，幾乎算踽踽獨行的小徑裡……

二〇一八年六月二十四日 TVBS 看板人物合影

從某個意義來說，也可以說：這本書成為一種我們和陳明利之間共同的「路標」；因為有了書裡深刻分享的生命經驗，才讓你我有機緣，可以走回時光隧道，走到陳明利那三十六年中，汗淚交織的片段。

生命故事之所以有不可取代的力量，是因為其實人性所共同經歷的哀樂，有太多共同點。明利姊在新加坡東邊海岸，望著樟宜機場上空即將降落起飛的航班掉淚，心想「何處是歸鄉」……

對於曾經在生活中走不出困境：情錢生命關，生離死別關的眾人來說，一點也不陌生。明利姊在新加坡賽馬場，就地取材分享「路遙知馬力」的人生競賽心法，則是平易近人，深入淺出，完全證實了她人生如戲，寫出精采高潮的深厚功力。

這本明利姊的新書，提供了我們製作團隊二〇一八年六月二十四日，在台灣播出「看板人物－陳明利」這集的許多靈感（請鍵 YouTube 中文搜尋看板人物陳明利），一小時的影音，畢竟有限，誠摯推薦這本新書，我相信從艱難的巨岩中，穿石鑿壁才湧現的生命之泉，必定能化為更多人的甘露。希望它滋潤讀者的心田，讓你的生命之旅，結出意想不到的豐美果實。

TVBS看板人物主持人　方念華

【推薦序】

明利，我最棒的朋友

陳碧華

會認識明利，是因為保險。

向她購買保險時，剛好是明利人生最辛苦的時候。她每天從早忙到晚，連閒聊的時間都沒有。

我心想，這樣忙碌的職業婦女，還要到處飛，幾乎不可能陪伴孩子的成長。

明利雖然忙，也知道兒子的成長只有一次，在工作及兒子都要兼顧的情況下，除了孩子上學，無論她出國，或是應酬，她一定把兒子帶在身邊。

當時，我很不同意她的做法，我認為兒子的學業重要，與父母的感情重要，但也應該與同年的朋友一起，而不是和成年人一起。

後來，明利兒子到我開的教育輔導中心學習，我成了明利兒子的乾媽，並且透過與她孩子的相處，一點一滴的認識明利。

現在，明利的兒子長大成人，他不但思想成熟，處事待人也比一般同年的男性成熟許多，令我非常佩服她。

明利有一顆非常善良的心，在現今的社會上難能可貴。

不論是客戶，朋友，甚至有緣人，只要有困難找上明利，她都會先說OK，再來想辦法解決問題。

而且，她一直從事社會公益，即使在她最困窘的時候，仍然有力

出力。

現在，她要透過她的影響力回饋社會教育，協助單親媽媽走出屬於自己的一片天空，我更為她高興。

她將自己受過的苦，一生的篳路藍縷，化為正面的力量，當真是社會的楷模。

明利我為妳感到驕傲，並願意支持妳。加油！

新加坡的娘家

陳碧華

【序言】

一聲謝謝

一九八二年，嫁到新加坡兩年後，我跟隨著夫婿的腳步成為保險從業人員。這中間經歷財務危機，瀕臨破產，我們夫婦咬牙苦撐，歷經千辛萬苦，總算絕地重生，再次爬了起來。從一九八五年開始，我拿到了十八年新加坡第一名、十二年全東南亞第一名、十九屆高峰會長，直到二〇〇五年轉任管理職。

二〇一三年，在因緣際會之下，我接觸了不丹法王。那時法王將要在新加坡舉辦一場法會，需要志工協助翻譯，將法王的開釋口譯給現場的華人。

也不知為什麼，這件事找上了我。當時心想，這應該不難吧！能協助法王弘揚佛法，算是功德一件，也深感榮幸，於是我義不容辭接下了這項挑戰。

到了法會現場，真是令人出乎意料，事情並沒有想像中那麼簡單。整個會場人山人海、人聲鼎沸，根本無法清楚聽到法王的聲音。而且，法王的徒弟必須先將傳道內容轉譯成英語，再由我轉譯成華語。我完全聽不懂法王的梵語，也不太聽得清楚他徒弟的英語翻譯。活動才剛開始，我就感覺大事不妙，擔心無法順利完成這天的任務。

不過，既然已經接下了這麼重要的任務，就不能逃避，一定要承擔起來。當下，我對著法王祈禱，請求他務必賜我智慧與能力，讓我完成這次任務與挑戰。

或許是法王感受到我的祈禱吧，只見他對我會心一笑。結果非常神奇，當天那場長達三小時的法會最終圓滿落幕，會後竟然有人跑來跟我寒暄，感謝我翻譯給他們聽。我略帶驚訝地問他們：「真的嗎？我翻譯得很好嗎？你們都聽得懂？」

當下我感受到真心祈求的力量，此後我年年參與法王的法會，也年年擔任法會翻譯志工，直到二〇一六年遇到人生一個重大的轉捩點。

那年十月，我帶了二十八位朋友去不丹。抵達不丹的第二天，崔欽慈齡仁波切閣下特別在不丹金

1985 年第一面獎牌

佛內安排了一場阿彌陀佛加持法會。隔天夜晚，先生踏上前往酒店餐廳的道路，因為光線太昏暗，再加上當地缺乏一些基本的安全意識，沒有在樓梯平台邊緣設置任何警戒線與欄杆，先生就這樣一腳踩空，從二樓樓梯平台直墜而下。

先生摔落的地方堆積了許多建築工具，掉落處剛好又有一根鐵棍，險上加險的環境令人看了心驚膽跳。摔下去之後，這根鐵棍直接戳進先生頭部。要是其他人，可能就此一命嗚呼；沒想到，這根鐵棍不僅沒要了他的命，反而救了他。

鐵棍戳得不深，幸運避開了眼睛，更保護他的頭部沒直接著地。他的臀部跌坐在右腿上，右大腿骨斷了；左腳直接踩到地面上，腳踝也碎了。他摔落的地方一片漆黑，幸好手機就在伸手可及之處，可以打電話求救。我趕到現場時，朋友都阻止我上前看他，怕我會崩潰，但我堅持一定要看到他。雖然他的傷勢嚴重，但是我看到他的時候，他卻鎮定地告訴我：「要堅強，不要哭。」

大家都心急如焚，要找最近的醫院急救，那時才真正瞭解到不丹的醫療設施嚴重不足。等了將近一小時，救護車才到。車上的設備與車況非常老舊，醫院設備彷彿時

10月游不丹

两层楼高处摔下 陈明利夫骨折

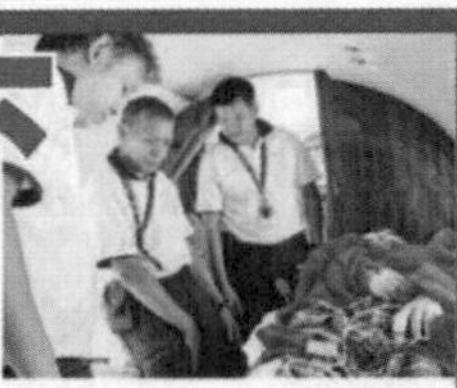

陈明利的丈夫搭直升机飞到机场，再转由救护飞机飞回到新加坡。（受访者提供）

周自慧 报道 chchew@sph.com.sg

“保险皇后”陈明利与丈夫到不丹旅游，丈夫从两层楼的高处摔下骨折，急送回新治疗。急救过程让陈明利有感不丹医疗设备简陋，发愿要义助当地改善医疗设施。

陈明利与丈夫李喜蒙与朋友一团28人，10月20日浩浩荡荡到不丹旅游一周。在行程的第三天，一行人到不丹普那卡（Punakha）参观古堡，返回酒店用晚餐想互传拍摄的照片时，李喜蒙才发现将手机留在房内，于是单独回房拿。

酒店客房与餐厅分属两个建筑物，酒店的照明有限，外头一片漆黑，李喜蒙拿了手机回程途中，看到位于二楼的餐厅就在对面，错以为有通道相同因此径自走过去，却踩空而摔了下来。李喜蒙跌落地面后大声呼救，并拨电通知其他人。

从两层楼高摔下后，李喜蒙左脚踝、右脚膝盖大腿骨，还有脊椎第四节都骨折，额头也马上肿了起来，当下也难判断是否内出血，吓坏众人。

陈明利说：“当时他们怕我受不了，叫我别去看，但我怎么能不去看呢？”

“丈夫对我说的第一句话就是‘不要哭’，然后开始交代许多事情，我说我不要听这些，他还是很冷静地一一交代。”

陈明利与丈夫（最后第二排右四右五）一行28人到不丹旅游，与仁波切见面诵经。（受访者提供）

当地医院 只有止痛药

丈夫捡回一条命，陈明利认为是不幸中的大幸。

同行的朋友包括来自中国的医师，现场将断骨纠正后，等了超过一个小时，救护车才赶到酒店。

不丹的山路崎岖，救护车上也没有什么医疗器材，好不容易到了当地医院，两X光设备也非常落后，还得等半小时才能冲出底片。

陈明利说：“要拍腿部X光需要站立才能拍，我先生根本站不起来，因此腿部伤势连照X光都没有。”

当地医院只给李喜蒙一般的止痛药和吊点滴，一直挨到第二天中午才将他转移到附近河床搭皇室直升机到机场，再搭从泰国飞来的救护飞机，经缅甸回到新加坡实里达机场。抵达新加坡，李喜蒙直奔鹰阁医院开刀，第二天又动了一次八个半小时的大手术。

李喜蒙受伤至今第四周，陈明利说：“丈夫可能本周出院，下来也需要一段康复期。”

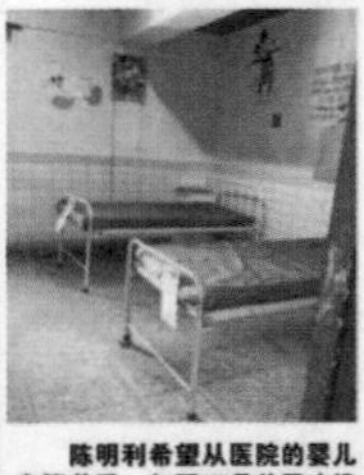

陈明利希望从医院的婴儿房等着手，加强不丹的医疗设备。（受访者提供）

医院虽简陋 人情味满满

丈夫出意外，陈明利却从中获得启发，不怨天尤人。

陈明利说，所谓医院其实只有护士没有医生，急诊病房旁是产房和婴儿房，但里头只有几张简陋的铁床，当晚有一名婴儿哭闹，母亲就抱着孩子整晚在走廊来回走动哄孩子。

“不丹人在这样的医疗条件下却没有埋怨，反而依旧善良和乐。我们的四位导游全程陪伴，就睡在长凳上，我和同伴轮流到车上睡，司机就整晚守在外头。在医院的第二天，非亲非故的人都来关心我们，给我很大的鼓舞和温暖。”

“我在旅途中曾看过有人对路过的车子深深鞠躬，后来才知道，他们是希望能搭便车去看医生。当地人生病都会坚持自己走路去看医生，这些在路边鞠躬的是因为已经病得很重了。即便如此，他们也没有一丝埋怨，令人反思我们在新加坡条件这么好，是不是更应该感恩？”

5年内 将增不丹医疗设施

亲身体验不丹的物资匮乏，陈明利希望协助改善当地医疗设备。

陈明利认识不丹皇室数年，两年前不丹法王来新时，也曾与她讨论如何提升不丹的医疗水平，但由于无从下手而一直搁着。这次丈夫出意外，令陈明利有感这是冥冥中的安排，让她亲身了解不丹人平日的遭遇，好着手推行计划。

不丹崔钦彻林仁波切已委任陈明利协助发展与推动不丹慈善基金，她将从救治丈夫的普那卡医院着手，取得医院的平面图后正规改善产房和婴儿房的设施，同时也会加强救护车的设备。

“这次丈夫康复所需的整套骨伤配备，在他痊愈后我们也会整套捐给不丹医院。我也会谨慎安排下来的慈善活动，募得的款项将直接捐给那里的慈善基金，要捐病床等物资也直接运去，不经第三方之手。”

“我的人生经历过不同的阶段，小时候养家、年轻时打拼，中年当激励讲师，接下来的五年，这就是我要做的事。”

新加坡媒體報導在不丹的骨折以及捐助不丹醫療設施

光倒流，回到上個世紀六〇年代，沒有像樣的急診室設備，也沒有強力的止痛藥。當時我們馬上聯絡國際緊急救護，安排救護直升機降落在河床上，飛躍喜馬拉雅險峻的高峰，抵達不丹首都機場。然後轉搭醫護專機，從不丹經緬甸，終於在意外發生四十八小時後被送回新加坡救治。

事後回首，先生在不丹遭受那麼重大的意外傷害，冥冥之中得到了最好的安排。受傷前一天，他參加阿彌陀佛灌頂法會，接受仁波切的加持。被載運回新加坡之後，幫他診治的五名醫生都不敢相信，這個頭部外傷、脊髓骨裂、多處腿骨斷裂的傷患不僅只有微量內出血，在摔落當下也沒有失去意識，還能打手機求救。那四十八小時中，法王和仁波切持續誦

經加持，在沒有止痛藥和只能吊鹽水的情況下，先生不僅沒喊痛，還能露出笑容讓大家放心；但是一回到新加坡，他就痛到每小時都需要嗎啡止痛了。

一年後，先生已經能自己開車、自己走路，天天到公司管理團隊，我真真切切感受到虔誠信仰的力量。

這件事不僅讓我感受到信仰的力量，也感受到保險的力量。從事保險業多年，沒想到自己也受益於保險。如果沒有保險，我們應該無法在四十八小時內安排到救護直升機和醫護專機，這真是一份助人助己的事業。倘若不是身在保險業，我可能也是個沒有風險意識和保障意識的人；一旦面臨先生這種緊急又重大的意外事故，很可能束手無策，精神與經濟也會陷入極大的困境。

其實，早在先生受傷前一年的法會結束後，法王和仁波切就曾經告訴我，不丹的醫療問題亟需改善，他們希望我能幫忙。當時我還不明白實際狀況，而那一年也因過於忙碌，根本沒時間去實地瞭解不丹的醫療困境。

直到二〇一六年，先生在不丹受重傷，我才能感同身受體會到醫療設備嚴重不足，以及遭遇緊急狀況時那種無助的痛苦。

在醫院等待救護直升機的那天晚上，一位母親揹著嚎哭不止的孩子，在醫院長廊上不停地來回走動，安撫著病痛的孩子，直到天明。這個景象一直縈繞在我腦海中，揮散不去。

從這個時刻起，我終於明白我的第三段人生正式開始！

小時候，大家都是用報紙包東西，所以媽媽常常叮嚀我，要把她說過的話記在心裡，就像用報紙包起來那樣。哪一天媽媽不在了，遇到困難沒人可問，自己也不知該怎麼辦，就打開自己的內心，尋找媽媽說過的話。

這一生中，媽媽給我很好的身教與言教，每當面臨挫折與難題，我都會想起媽媽的教誨。面對巨大的財務危機時，她也曾經告訴我：「人有三衰六旺。得意時，莫忘形；失意時，莫現形。人善人欺，天不欺；人惡人怕，天不怕。沒有人可以一輩子欺負妳，傷害妳，只有妳自己。所以，要做自己人生最大的貴人，不要做自己一輩子的小人。」

媽媽也說：「戲台上演什麼戲，戲台下就有什麼樣的人。」的確，戲如人生，人生如戲。演戲讓我體會到不同的角色，不必親自經歷就能嘗盡許多人的人生。也因為我嘗過各式各樣的人生，所以，只要身處山窮水盡疑無路的時刻，我知道不遠處必定柳暗花明又一村。

從六歲開始演戲，一直到二十六歲結婚，是我的第一段人生。從小我就知道，自己是土生土長的本省籍小孩，外省籍小孩當時都不太願意跟我們說話；從小我就知道，本省籍小孩只能演閩南語電視劇，在學校與電視台被重視與重用的機會相對也較少。當年這種情況，讓我從小就學到如何察言觀色，怎麼看人臉色，如何為自己爭取機會；而當機會來到時，就會加倍努力。也因此，我下定決心學會一口標準的國語，為自己爭取更多機會。

媽媽八歲時，外婆就守寡了，從小過的就是殖民統治下的艱苦日子。我出生前，媽媽已經生了七個孩子；肚子裡懷我的時候，她還不知道自己懷孕了。在外婆、媽媽和姊姊們的身上，可以看到一百年來華人女性的堅韌人生。這齣戲若是赤裸裸地如實拍出，我會把劇名取為《我們家的女兒》，肯定比日劇《阿信》還要感人肺腑、動人心弦、引人淚下。

每一次挫折都是一道台階，幫助我們拾級而上、破繭而出。回首過往，小時候的經歷再怎麼辛苦，都是上輩子的事情了。一九九六年出版第一本書《借衣公主》時，許多當時無法言喻的悲傷故事，我實在無法釋懷，無法道出所有的一切。現在，時空背景不一樣了，即將展開的第三段人生將是我這一生最輝煌、最有意義的時刻，因為我已經看到最好的自己。願我走出半生歸來，依然有愛可依！

戲劇人生讓我看遍人生百態，然而，直到遠嫁新加坡，從演藝圈象牙塔走入真實人生，才知道自己是真實人生中的生活白癡；以前扮演的，都是戲裡的人生，都是虛擬的。生活在戲劇人生裡，其實非常不容易，必須不停地忘我，融入各種角色的人生，長期下來經常造成自閉或憂鬱。許多時候，完完全全就是把自己鎖在象牙塔中。

婚後人生是我的第二段人生，也是真實的人生。我曾經天真地以為，只要賢淑柔順就是個好太太；然而，真實生活中的太太不僅要賢淑柔順，還要內外兼修。結婚那天，媽媽向我先生要了一條長褲，拿出兩張椅子，一條褲管放在一張椅子上，椅子擺在一起，要我們坐在椅子上。媽媽說，從此夫妻同穿一條褲子，先生站，妳就站；先生坐，妳就坐。如果無法同穿一條褲子，將來這條褲子一定會破，婚姻也會跟著破裂。

這麼多年來，每當先生做出一些重大決定，我就會想起這條褲子，跟著先生一起走；他做什麼，我就支持什麼，夫唱婦隨。當時覺得媽媽的觀念太傳統，要女人嫁雞隨雞、嫁狗隨狗；然而，若要維持婚姻生活，夫妻就要彼此尊重、平起平坐，執子之手，一起走下去。

結婚前兩年，我這個太太的角色扮演得並不好。先生上班時，我沒事做，就跟著朋友去吃飯逛街看秀，兩年的富太太生活就像行屍走肉。當時除了吃喝玩樂，從沒意識到必須關心先生的事業與經濟，幫他分憂解勞。先生向來報喜不報憂，我從沒想過，這種童話般的公主生活會有面對殘酷現實生活的一天。

後來，一位女性朋友的婚姻出現問題，必須另謀生計。她的境遇當時並沒有敲醒我，我只是看到她婚姻不幸福，必須思考如何過日子。於是抱著幫助她的心態，陪著她去上保險課程，在無心插柳之下踏入保險業。

剛踏入保險業時，我覺得很痛苦。每一次遭遇挫折與挑戰，就是在考驗內心的堅韌，考驗我們如何扮演這個角色。當時那種羞澀感與不自在，讓我突然覺得很徬徨、很挫折。經歷了無數次失敗與掙扎之後，我下定決心重新撰寫自己的劇本，努力扮好自己的角色。

如果說，我的第一段人生是「戲如人生」，那麼第二段人生應該就是「人生如戲」了。我努力做好自己人生的監製、編劇和導演，扮好最佳女主角。我的人生如戲劇般多采多姿，最終一定會有幸福快樂的結局。

而我的第三段人生，就是「感恩無悔」。前兩段人生都是為了別人，為了爸爸、媽媽、先生和孩子，扮演恰如其分的角色。從現在起，我要開始扮演我自己！

第一段人生與第二段人生所累積的經驗與智慧，就是為了我的第三段人生。

人生有很多很多的糾結、很多很多的無奈，現在是該放下的時候了。唯有感恩，人生才會只有遺憾，沒有後悔。

先生和我曾因投資房地產失利，負債超過三千萬台幣。我永遠記得，就在最困頓無助的時候，生命中出現一位貴人，他是我們的無名英雄。他用兩個鐘頭，給了我這一生最寶貴的處世智慧。

一九八五年，新加坡房市經濟非常不景氣，我們夫婦倆遭逢嚴重的財務衝擊。為了籌款還債，每天辛苦奔走、借錢還錢。銀行與債主的壓力讓我心力交瘁，對於未來已十分絕望。

就在此時，一位企業家何先生透過朋友轉達想要見我；剎那間，我的心中露出一線曙光。

這位何先生可不是普通人，他是新加坡人人耳熟能詳的大企業家典範，當年他獨自捐款九百萬坡幣，在一間寺廟旁蓋了一家老人醫院。當時這位企業家告訴我，他每小時的收入是十萬坡幣；若是能得到他的幫助，就算只是將他「一天」的收入借給我，都能立刻解除我們的財務危機，救我們逃出負債牢籠。

我迫不及待想去何先生的辦公室碰面，何先生卻說要親自來見我。感謝上天賜我貴人，或許他是聽了朋友轉述我的困境，願意借錢給我。

何先生一到我的辦公室，也不拐彎抹角，開門見山就直接告訴我，他已經知道我最近發生的狀況。而他也明白表示，他就是來協助我處理這件事的。

我按捺住內心的激動，沒有脫口而出向他借錢，卻也期待他趕緊主動拿出支票。

「今天特地來見妳，是要告訴妳幾件非常重要的事情。」

當時他直截了當問我，現在是不是很想自殺？我愣了一下，他說對了，我真的想過幾次要自殺。

「欠錢不還，不去面對，如果還選擇自殺，那是很不道德的。」何先生看了我的表情，繼續說：「人家借錢給妳，最後妳還要人家欠妳一條命，這絕對不是做人的道理。欠人家什麼，就還給人家什麼！」

他又提到：「借錢欠錢，不是什麼稀罕的事，這世上大多數人都在借錢欠錢。」

這樣的說法跟我的想法截然不同，給了我很大的衝擊。我知道很多人會借錢或欠錢，但是真的無法接受也從沒想過自己會成為欠錢的人。

看到我默不作聲，何先生反問我：「妳看那些大老闆，哪個投資生意不借錢的？欠錢沒什麼大不了，沒什麼好丟臉。生意人欠銀行更多錢，越厲害欠越多，不還錢才丟臉。」

接下來他告訴我，當債務無法很快還清，應有的態度就是：不能躲，不能不接電話，不能讓人找不到。我必須主動集合所有的債主，跟他們面對面溝通，說明自己的處境，讓他們知道我的困難。

「妳要向債主表示，自己絕對有還錢的誠意；也要讓債主彼此認識，大家變成妳共同面對的還債標的。妳必須向他們展示還錢的決心，但前提是他們要讓妳專心處理這件事，不要每天吵鬧討債，不要打電話騷擾妳，更不要來妳家門口站崗。」

何先生還教我如何跟債主溝通，他要我告訴債主：「你們是要我破產，還是要我的命？應該都不是，你們要的是錢，那就讓我好好賺錢。為了拿到錢，你們不但不能逼我，還要努力幫助我，這樣我才能盡快還錢給你們。我希望你們介紹客戶給我，協助我開拓業績，儘快賺到錢。幫助我就等於幫助你們自己，介紹越多客戶給我，就能越快還錢。」

至於還錢的先後順序，何先生也告訴我必須謹慎處理。他認為我必須優先還錢給銀行，因為我不能被銀行宣布破產，才能繼續從事保險工作。其次是還給不收利息的債主，因為借錢原本就是一門生意，做生意有賺有賠；若是願意只收回本金，不再索取利息，這樣的債主就是朋友了，應該優先還錢給他們。至於那些仍要收取利息的債主，過往也已經賺過一筆了，後續還要再拿利息，就排在第三順位。

現在看來，何先生的字裡行間都是智慧；不過，對於當時焦慮如熱鍋上螞蟻的我而言，心中卻只有一個想法：「原來你不是要拿錢救我，而是要來講道理。」最後我無奈地問他：「何先生，您說的方法真的可行嗎？」

「當然可行！」何先生篤定地點點頭：「我就是這樣走過來的。」

原來，何先生年輕時也曾因生意失敗而破產，為了躲債，跑到一間寺廟，遇到寺廟裡的法師。法師告訴何先生：「任何事情都有其意義，走過逆境就是人生最大的祝福。」他要何先生「面對它，接受它，解決它，放下它」。

當下何先生聽懂了，心念一轉，回頭面對困境。最後他走過來了，成為成就非凡的大企業家。

話一說完，何先生就起身，我也跟著起身；內心雖然失望，卻還是禮貌地準備送客。

離去前，何先生突然轉頭對我說了我這輩子永遠都不會忘記的話：「陳小姐，我將『生命中的兩個鐘頭』給了妳，從今以後，妳的人生會不會從谷底往上走，從此一片光明，就看妳自己了。」

何先生連一塊錢都不借我，他說這次磨難是我人生最大的機會，從此將會攀上人生高峰。只要解決了這次困難，日後將一生受用無窮。「假如我借錢給妳，幫助妳走捷徑解決困難，雖然是最快速的方法，但是妳一定還會犯同樣的錯誤。得不到刻苦銘心的痛，沒有剝掉妳一層皮，就無法讓妳改頭換面、刻骨銘心地記住這個教訓，永遠不再犯同樣的錯誤。」

當晚先生回家後，聽到我說何先生沒有帶任何資金來幫助我們，甚至也沒有向我們購買保險（他當時的保額已達保額上限，不能再投保了），只送了兩個鐘頭的道理給我們，多少有些失望。

但是轉念一想，既然已經山窮水盡、無路好走，何不依照他的建議試試看呢？

幾天後，我們召集了所有債主，誠心誠意地向他們說：「欠債還錢，天經地義，你們要怎麼責罵我們，我們都接受。欠你們錢是事實，但我們沒欠你們一條命，請不要逼死我們，讓我們留著命繼續賺錢。我們承諾一定會努力把積欠的債務賺回來，一筆一筆還給你們。」

何先生的建議確實有效，我們跟所有債主取得了共識，他們果真不再打擾我們，讓我們專心賺錢還債。經過了幾年的刻苦耐勞、全心打拚，我們終於還清債務，走出人生最大低谷。

驀然回首，已是雨過天青、海闊天空，原來逆境就是生命給我的祝福。

就這樣，二十年過去了。這段時間，我都沒有再跟何先生見過面，也聯絡不上他。直到某一天，恰好在報紙上看到何先生母親過世的訃聞，此時我心頭一緊：「這二十年來都無法再連絡上這位當年的恩人，應該趕緊去當面慰問他，並且謝謝他當年傾囊相授。」當下立即驅車前往。

時隔二十年再次見到何先生，我的心情十分激動，倒是何先生仍然維持一貫的優雅。他說這些年一直關注著我的動態，知道我們走過財務危機，事業成功，生活過得很好，他很高興。

我哽咽地告訴他：「何先生，我欠您一聲謝謝，欠了二十年！」

如今，每當朋友處於低潮、事業不順或面對經濟危機，我都會說這個故事給他們聽，鼓勵他們勇敢面對。

人生路上，誰不會遇到困境呢？山不轉，路轉；路不轉，人轉；最重要的，就是心隨境轉。無論面對多少困難，都要記得面對它，接受它，解決它，放下它！

這一生中，我不羨慕別人的財富，唯獨羨慕比我勤勞的人。人的一生都會面對許多困難和挑戰，只要腳踏實地、努力勤勞，人生一定可以豐富多采。

星雲大師說：「做事不苦方為勤。」慕勤人生，是我感恩無悔的人生！

【目次】

第一章

回首：過盡千帆

曾經想要就這樣跳下去

一九七九年，遠嫁新加坡，我和先生就以三十萬坡幣（約六百萬台幣）買下第一間房子。一九八〇年，新加坡房地產開始飆漲，兩年後，我們的房屋價值已經飆升到八十五萬坡幣。這時各家銀行紛紛打電話來關照，希望我們重新貸款，繼續投資房地產。

看到手上的房子飆升了將近三倍，先生也心動了，於是決定重新貸款六十萬坡幣，投資房地產。

人世間絕大多數的悲劇，都是始於貪婪，抗拒不了誘惑。見獵心喜，往往是步向毀滅的開始。

一九八四年，房地產開始下跌，我們的投資自然也無法倖免。為了挽回房地產的損失，先生轉而跟幾位朋友投入股市炒股。沒想到，屋漏偏逢連夜雨，資金剛投入股市，股市就開始崩盤，我們等於被套在最高點。到了一九八六年，我們的第一間房子已跌回三十七萬坡幣，而投資房地產和股市的損失也像滾雪球般越滾越大，即使變賣典當所有能賣的東西，仍然背負著一百六十萬坡幣的債務。討債電話每天響個不停，大耳窿（地下錢莊）半夜三點也打，清晨六點也打，日打夜打，那種疲勞轟炸讓我的精神幾乎崩潰。

整天被人追債討債，是一種驚慌無助的苦；不被他人瞭解，啞巴吃黃蓮卻有苦說不出，更是一種難以言喻的苦。明明負債累累卻沒有人願意相信，每個人都不相信大明星會窮困潦倒。其實，以前在演藝圈攢下的錢，結婚前都留在台灣了，因為我決定嫁給先生時，就已經明白向他表示：「我在台灣賺的錢統統會留給媽媽。」

曾經光鮮亮麗的我，從沒想過會有負債的一天。我們先向銀行借錢，再跟別人借錢還給銀行，然後又跟別人借錢償還之前的債務，就這樣以借貸來還債過日子。突然間，整個世界都變了，我的生活從整天逛街吃飯變成被人追債討債。看到別人那麼無憂無慮，自己卻落魄潦倒，那種痛苦實在無法言喻。

一九八五年的聖誕假期，先生決定去香港看看有沒有東山再起的機會，有沒有朋友願意資助，甚至考慮把整個營業處賣給香港的朋友，或是轉去香港做保險。那個聖誕假期，我一個人留在新加坡。

剛結婚那幾年，幾乎天天有飯局，因為我是明星，大家都想跟大明星一起吃飯，沾沾光采。一位女朋友看我孤單在家，就邀我一起去參加某位大老闆的家庭聖誕派對。那位大老闆的豪宅氣派非凡，所有人都站在頂樓的空中花園舉杯互道聖誕快樂，杯觥交錯、笑聲盈盈。我不想破壞氣氛，只能佯裝著笑臉，心裡卻淌著血。

當時家中水電已因沒錢繳費而被切斷，夜晚一片漆黑，好好一個家竟然會淪落到這般田地，真不曉得自己到底做錯了什麼？在《安娜．卡列尼娜》中，俄國作家托爾斯泰寫下一句發人深省的名言：「幸福的家庭都是相似的，不幸的家庭各有各的不幸。」這句話對映到我家竟是如此貼切又諷刺。是的，幸福家庭的燭光晚餐非常浪漫，不幸家庭斷水斷電的燭光晚餐卻訴說著不同的淒涼與悲慘。

我站在頂樓邊俯瞰，底下有兩排房子，都是豪華別墅，別墅裡有著閃亮的聖誕樹和溫暖的燈火。望著高樓下的聖誕樹與燈光，聽著派對上紅男綠女的歡笑聲，想到派對結束後就要回家孤單面對漆黑一片，心裡著實納悶到底出了什麼問題，到底哪裡做錯了，為什麼會面臨這種絕境，為什麼別人可以那麼幸福……看到別人的幸福時，痛苦真的會加倍，因為我們看不到自己擁有的，只能看到自己沒有的。

從小在演藝圈奮鬥與掙扎，我有著跟別人不同的童年；為了家庭，我苦過，也熬過來了。從童星到少女的轉型期，有人選擇旁門左道，我不想屈服一些不合理的要求，機會就這樣被搶走，鋒芒就這樣被掩蓋。

我不停地努力尋求轉型，總算到了可以獨當一面的時候，卻又覺得不能繼續這樣下去。在那個年代的演藝圈，二十四歲已經算老了。環境轉變，武俠劇開始盛行，演戲尺度也越放越寬，我的玉女形象還能維持多久？我還能在演

《慧娘》連續劇劇照

藝圈紅多久？

當時心想，怎麼那麼難啊？就只是想要結婚，只是想要一個安定的家，又不是要大鑽戒大豪宅，也不想跟其他女星一樣嫁入豪門，怎麼這個一點小小的奢望都那麼難啊？我覺得自己安排得挺好的，不是嗎？結婚前已經把台灣的房貸都付清，讓媽媽有安穩的生活。演藝圈有很多人會賭博，經常跑路躲債，但我不會，都是規規矩矩的。我是個好太太，怎麼會突然面對這些問題呢？怎麼會欠下這麼大筆債務呢？

當時心想，老天爺為什麼對我這麼不公平？我從小這麼努力，也不貪心，怎麼會讓自己陷入如此悲慘的窘境？後來先生告訴我，因為他娶了我這個明星，看到我身邊光鮮亮麗的朋友一個月可以花費兩萬坡幣買衣服，很想給我同樣的生活條件。原來是我的明星光環給了他很大的壓力，才會讓他想要走捷徑賺錢，卻沒想到滾雪球效應這麼厲害，債務越滾越多。當我知道先生欠下這麼大筆債務時，已經驚慌失措，我的人生沒演過這種戲啊！我演過許多苦盡甘來、圓滿結局的戲劇，卻從沒想過這種負債累累、被人日夜追債的痛苦會出現在我的現實生活中！

我不要再這麼苦了，跳下去就好，不必再承受這一切了。我不要再這麼苦了，跳下去就解脫了，從小到大真的苦夠了。

就在那一剎那，我沒有跳下去，因為我想起了自己對父親的承諾……

■

雖然沒跳下去，但我心中還是充滿了怨恨與自憐自艾，想要自殺的念頭經常縈繞在腦海中。

以玉女紅星的身分風光嫁到新加坡，頭頂著明星光環，對我而言盡是光鮮亮麗。人在一帆風順時，多的是別人錦上添花的祝福；一旦厄運纏身，這些光環就搖身一變，成為他人落井下石的原罪。

負債累累時，我聽到了好多風言風語。有人說我用美色銷售保單，業績才會那麼出色；有人說我其實很有錢，但是都藏在台灣，不願拿出來還錢。面對這些無中生有的惡毒中傷，心裡真的很煎熬，百口莫辯。先生也聽到了很多，他也很辛苦，非常努力地跟我一起面對種種蜚短流長。

後來我才發現，這麼多的風言風語原來都是我一直當成閨蜜的好友說出去的；原來她一直在說我壞話，沒想到她竟然這麼憎恨我、嫉妒我。這樣的背叛與中傷讓我很難過，先生告訴我真相時，我還萬萬不敢相信；但是，當先生提出證據讓我親耳聽到她說的話時，我真的崩潰了！讓我那麼信任的朋友為什麼會這樣子對我？

我跑到住家的三十五樓樓頂，想要就這樣跳下去，一了百了。在樓頂上，我看到景色真美，萬家燈火，一片燦爛；在那當下，我想到了遠在台灣故鄉的年邁媽媽。

在戰後的台灣，日子實在難熬，已經有七個孩子、四十三歲的媽媽不停地發胖，生理期也停了。媽媽以為是更年期到了，根本沒想到可能是懷孕。日子一天天過去，媽媽發現肚子越來越大，甚至感受到胎動，這才意識到自己真的懷孕了。

她跑去找醫生，拜託醫生打掉這個孩子，實在不想再多出一個負擔，但是醫生對她說：「太遲了，孩子已經成形，現在打掉對大人和孩子都不好。」

這個原本不該來到世上的孩子就是我。我的出現，不僅是一場意外，更帶給父母不少的磨難。

媽媽懷了我之後，爸爸一直想做生意，卻始終沒有成功。從小我就是最容易生病的孩子，常常一病就拖好久，身體也越來越瘦。爸爸做生意連續失敗，家裡經濟狀況越來越差，既要籌錢買奶粉，還要負擔我經常上醫院的費用，龐大的經濟壓力幾乎讓我父母喘不過氣。

我的母親

媽媽臨終前告訴我，我剛出生時，村裡有個富太太覺得我很可愛，願意給媽媽兩萬元，希望能收養我。這在當時可是一筆非常龐大的數目，有了這筆錢，就可以立刻改善家裡的生活。但是媽媽沒答應，她寧願被孩子磨，也不要為了錢賣掉自己的親骨肉。

就這樣，我折磨這個家折磨了五年，一直到五歲時才擺脫病魔的糾纏，越來越健康。六歲時，我就開始拍戲賺錢了。當時一場表演可賺一百元，一個晚上表演兩場可賺兩百元，每個月還可以從廣告公司拿到三千元薪水。爸爸十分嚴格管教我，規定我不能穿拖鞋，不能穿短褲，不能玩泥巴，一定要睡午覺，

小時候

許多小孩子的戶外遊戲也通通不准參加，完完全全就是軍事教育。

我去片場拍戲時，爸爸經常提著一個大袋子，裡面裝著一堆提神飲料，一到片場就送給每個人一瓶，就為了請大家多多關照我，但是他自己一口都捨不得喝。他也常買最好的補品給我，補充我的體力。每天他都幫我扛非常重的衣服到片場，甚至還隨身攜帶一張氣墊床：只要有一點點時間，只要我想睡覺，他就立刻吹開氣墊床給我睡，這是多麼費力的一件事啊！

但是他對我實在太嚴格了，小孩子的體力實在無法負荷，再加上年幼不懂事，在童稚內心深處，我真的受不了。我認為他就是要我不停地賺錢，曾經因此十分恨他。就在幾次嚴厲的訓斥後，我居然說了一句非常不孝的話：「那麼多人會死，為什麼他不死！」一直到後來他生病時，我才知道，這麼多孩子當中，他最疼愛我這個原本不該來到世上的小女兒。對我的苦心栽培與教導，都是因為他擔心無法看到我長大成人，才會如此嚴格管教我。但是，我卻詛咒他去死……

開始拍戲賺錢後，爸爸對我的嚴格管教，讓我非常不甘願把錢交給他。後來我才知道，其實爸爸把我賺的錢都存起來，買東西給我吃給我用。即使他得了癌症，自己苦撐了很久，也捨不得花錢看醫生。他很硬頸，一直撐著；如果當年有人跟我爸爸說有保險這東西，他一定會買，因為他想要把錢省下來，不肯住院。

我的個性跟爸爸很像，決定要做一件事，就會義無反顧做下去。我實在不清楚他的一生到底有多少後悔，才會這麼嚴格管教我、栽培我；直到去世前一年多，才知道他對我的苦心教養。

爸爸臨走前，我親眼看著他斷氣，直到那一刻，他的意識還是非常清醒。他最放心不下的，就是我這個最小的女兒。

爸爸生前還在病房的某一天，曾經對媽媽說，他很對不起媽媽，沒辦法給媽媽過好日子，享受好生活。但是他告訴媽媽，我是他的驕傲，以後我一定會讓媽媽過著很好的生活，一定會替他好好照顧媽媽。

所以，當我準備從樓頂上縱身一跳時，心裡突然想到：我怎麼可以這樣做呢？怎麼可以這麼自私呢？我就這麼走了，白髮蒼蒼的媽媽如何面對以後的日子呢？

跳樓前，其實我都想好了：我有兩百萬坡幣的壽險，負債一百六十萬，可以留下四十萬給媽媽，媽媽的日子還是會過得很好，經濟不虞匱乏。可是，那真的是媽媽想要的日子嗎？為了我，媽媽吃了多少苦，經歷了多少苦難的人生，我怎麼可以一走了之？這樣她會多麼心痛啊！

我告訴自己不能跳，絕對不能跳！我答應過爸爸要照顧媽媽，絕對不能跳！每個人都怕死，我連死都不怕了，還有什麼好怕的，還有什麼做不到？我要繼續往前走，不能回頭，別人說什麼風言風語我都不在乎了……

■

多年後的某一天，司機載我經過一個地方，我覺得窗外景物有些熟悉。我請司機在路旁暫停，告訴司機自己似乎來過這個地方。司機說不可

喜心：永遠處於喜樂的心境中。

能，我不可能來過，因為這裡是新加坡芽龍的紅燈區，我怎麼可能來過呢？

司機這樣一說，我恍然大悟，就坐在車上哭了。原來，先生在一九八五年聖誕假期去香港時，有個地下錢莊討債人來敲我家的門。那個人告訴我，他實在不忍心再這樣一直敲門騷擾我，直說我是無辜的。他的老闆要他轉告我，只要肯去他們公司，在還債擔保書上蓋個手印，從此就不會來辦公室或家裡騷擾我。我聽了很高興，就跟著他去。

有些人生景象會永遠停格，會讓人永遠記得。到了他們公司，那位老闆就指著一張切結書對我說，只要我在切結書上蓋手印，就是認了這筆帳，一定會負責還出這筆錢。

原來，當年我簽了一份還債保證書，在紅燈區……

可以接受遺憾，不能讓自己後悔

想要跳樓的時候，我覺得自己什麼事都做對了，怎麼結果還是錯的呢？其實，結果並沒有錯，因為有一扇更光明美好的大門即將為我而開；這扇大門一旦敞開，我的人生就會破繭而出。

自從父親過世後，我就很害怕後悔。我可以接受人生有所遺憾，卻不能接受有朝一日徒留後悔。在我的拍戲生涯中，曾經有兩次突然「開竅」的時刻，而那兩次開竅所留給我的，就是「凡事都要盡最大的努力，不能讓自己後悔」。

在戲劇舞台上，每一個演員都必須扮演各種不同的角色，演出各種人生體會。許多人生體會是演員自身從未經歷過的，根本抓不到那種感覺；想要體會那些從未經歷過的感覺，就是需要開竅。

小時候參與演出《恩重如山》時，我第一次開竅。

《恩重如山》描述一位富家千金不聽父親勸阻，硬是跟男友生下了一個孩子。這個有錢老爸非常生氣，就把女兒送去美國。後來，孩子的父親過世了，由奶奶扶養長大。這個孩子非常聰明，卻也非常叛逆，因為她覺得自己是沒人要的小孩。

學校裡有一位老師非常照顧這個孩子，循循善誘教導她，漸漸將她導向正軌。就在孩子準備展翅高飛時，這位老師生重病了，急需輸血醫治，卻沒有錢支付醫藥費。孩子急得像熱鍋上的螞蟻，這時媽媽剛好從美國回來找她，只要向她那位有錢媽媽開口，叫一聲「媽」，就能馬上拿到錢幫老師治病。

可是，這個孩子心裡有恨，她恨媽媽拋下了她，內心糾結了好久，就是叫不出一聲「媽」。但是她已經把那位老師當成自己的母親了，為了救治老師，她勉為其難去

《恩重如山》劇照

找媽媽，叫了出口，拿了錢就往醫院跑。跑到醫院時已經來不及了，老師已過世，孩子緊緊抓著老師的身體不放，痛徹心扉地嘶吼了好久：「老師，妳看我有錢了！老師，妳看我有錢了！為什麼不等我？」

這段場景重拍了十幾次，我飾演這個叛逆又懊悔的孩子，不論如何嘶吼，都無法將那種痛徹心扉、撕心裂肺的感覺演出來。片場裡所有人都在等我，導演和攝影師都在等我找出那樣的感覺。當時的底片很貴，這樣一直重拍會燒掉很多錢。

爸爸實在看不下去了，把我拉到旁邊狠狠痛罵了將近半小時。我覺得十分委屈，因為我已經很努力在演，已經很盡力了，就是不知道那種感覺是什麼，這樣罵我有什麼用呢？當時只能感覺到，你到底要我怎麼樣？小時候不懂那種感覺，現在回想起來，其實就是「崩潰」兩個字。

被爸爸痛罵一頓之後，我終於開竅了，抓到那種崩潰的感覺：我能怎麼辦？到底要怎麼辦？我不知道我能怎麼辦？我放聲大哭起來，再回去開拍，導演說這次演得最好，一次到位，就是這種崩潰的感覺。當時才十歲啊，這是我第一次體會到什麼是「崩潰」的感覺。

演完這場痛徹心扉的嘶吼戲，還有一場戲也是很大的考驗，那就是老師的公祭現場。這個孩子必須讀出祭文，而且只能掉眼淚，不能有哭聲，因為一有哭聲，說出來的話就不清楚了。她必須表現得堅強，堅定地承諾老師，日後成為有用之材，才能回報老師的恩情。

說真的，對一個十歲小女孩而言，這場戲真的很難演：聲音不能哽咽，淚水卻要一直流。《恩重如山》這齣戲讓我在演戲上真的開竅了，讓我學會跳脫自己的情緒與感受，轉而體會另一個人的心境。

導演非常滿意我的演出，這是我第一次擔綱童星主角，也因此拿到台語影展金鼎獎最佳女童星獎。這齣戲讓我得到了榮耀，也讓我學到人生的第一個功課：絕對不讓自己後悔！

如果我飾演的孩子不要一直跟自己的母親糾結，不要充滿恨意，或許就有機會挽救老師的性命。這場戲的開竅，再加上後來爸爸生病過世，讓我非常害怕後悔。所以，面對日後的每一件事，我都卯足全力，很擔心來不及做，也很擔心因此後悔。我的人生可以有所遺憾，但絕對不能徒留後悔。

■

第一次開竅是明白另一個孩子的心情，第二次開竅就是飾演《一枝草，一點露》的女主角了。不同的階段有不同的領悟，長大成人的感受就是不一樣。

這齣戲描述一名就讀法律系的富家千金，為了寫論文特地到監獄採訪犯人。結果這名千金竟然愛上被採訪的浪子，不顧所有人的反對，堅持要跟著這個浪子過生活。父親當然不接受這種事，而且她原本也有一位很愛她的醫師未婚夫，但是她卻愛這個浪子愛得義無反顧，後來還懷了浪子的孩子。

第二次開竅，又是與後悔有關。

富家千金選擇愛情，放棄了麵包；即使這個浪子很窮，她也覺得沒關係，只要願意好好做人，浪子回頭金不換啊！然而，這個浪子卻讓她失望了。

有一天，警察告訴富家千金，浪子又犯法了，而且在警察追捕的過程中掉落懸崖，凶多吉少，應該已經死了。我飾演的就是這名富家千金，聽到警察告知噩耗的那一刻，導演要我大約有兩分鐘必須眼神空洞，沒有聲音，只能流淚。兩分鐘後，我必須從肚子裡發出一種自己從沒聽過的聲音；眉頭不能皺，只能流眼淚，還要發出一種撕心裂肺、崩潰絕望又哀鳴的腹聲。

彩排了幾次，導演仍覺得我無法演繹出那種感覺。當場陳俊良導演叫「關燈」，讓整個攝影棚處於黑暗中。然後有將近半小時，導演不斷地在我耳邊重複整個劇情，想辦法讓我入戲：我的肚子還有孩子啊！孩子的父親竟然是這樣一個無可救藥的人，我感到十分絕望。想要問浪子為什麼又犯法了，不是說好要改過自新嗎，為什麼又作奸犯科呢？為了你，我放棄了真心愛我又有正當職業的未婚夫，與父親決裂，一心相信你會洗心革面，為什麼又犯法呢？以後的日子，你讓我和肚子裡的孩子該怎麼辦呢？對於人生中的一切都是絕望的……

最後，我終於發出那道令人撕心裂肺的聲音了，那是一種哭不出來又喊不出來的聲音，整個攝影棚沒有其他雜音，就只有這道聲音。關機後，我整個人也崩潰，放聲大哭、嚎啕不已，實在無法抽離。

年少時的每一次開竅都在啟發我不要讓自己後悔，沒想到，人到中年，竟然體悟到另一種「開竅」……

■

當我跟先生終於還清積欠多年的龐大債務，當我們終於擁有自己的房子，日子漸漸撥雲見月，事業也持續成長茁壯。我深深覺得，能夠擁有這一切，除了我跟先生的努力，也得到許多貴人的幫助。

施比受更有福，既然已經走出生命的幽谷，我也很希望取之於社會，用之於社會。因此在一九九九年，我發願在中國建造希望小學，貢獻一己之力，幫助弱勢貧窮的偏鄉孩子。

當時有一位女士從台灣南部來到新加坡，透過朋友找到我。她表示自己繼承了一筆很大的遺產，但是她不需要這筆錢，因此發下很大的願望，想要買下新加坡一間寺廟旁的一棟大樓，做為照顧孤苦無依老人的機構，讓他們得以善終。

為了取信於我，這位女士說自己是當時台灣行政院長的親戚，甚至還拿出她跟院長的合照給我看。她請我找律師、會計師和相關人士協助，每個人都被她的善心感動，願意鼎力相助，甚至連那棟大樓原本的幾十個住戶也都簽好了合約，願意出售給她，讓她幫助那些可憐的老人。後來，她簽了一張二十多萬坡幣的支票給地產發展商當訂金，但是她必須先趕回台灣處理股票。

支票到期前，我接到她從台灣打來的電話，詢問我能不能先幫她支付訂金，因為她的股票雖然賣了，卻必須一個星期後才能拿到錢，目前手上沒有足夠現金兌現支票。如果支票無法兌現，地產發展商會取消合約，之前所有的努力就白費了，所有人的愛心都將付諸流水。當時先生和我雖已還清債務，手上的現金其實不多，實在無法幫她支付這筆訂金。但是她一再拜託我幫助她，我一想到要幫助那些窮苦老人，就毫不猶豫借出了保單中的現金價值，匯入那位女士的戶頭，希望那張支票不要跳票。

支票兌現後，事情急轉直下，那位女士竟然說她目前不買那棟房子了，因為她那邊出了一些狀況。從此，我們再也找不到那位女士，我跟先生就這樣被騙了二十多萬。

當時我一心想著，這位女士發了這麼大的心願要做善事，可以幫助多少孤苦無依的老人家啊！而且，她帶我去寺廟參拜時，見到住持就五體投地跪拜；我要送她回台灣的時候，在機場看到一位法師，即使他們看似不相識，她也是立刻五體投地跪拜。這一幕實在令我印象深刻，雖然我的信仰也很虔誠，但是在大庭廣眾之下還真的無法像她那樣直接跪拜。後來我去問了廟方，才知道自己被利用了。其實廟方根本不認識那位女士，只因跟我一起出現，廟方以為她是我的好朋友。

對我而言，這真是非常殘酷的教訓。後來先生告訴我，當我開始具有一些名聲時，務必要謹慎，千萬不要聽到別人想做善事就昏頭，否則很容易被人利用。他說我心腸太軟，只要有人對我說想要投入慈善工作，就很容易騙到我。

上過這令人難忘的一門課，我又開竅了，日後再有任何陌生人特地來找我幫忙做慈善，我都會謹慎以對。

果然，二〇一五年又有一位女士突然來找我，攀親帶故地說她很久以前就認識我。她說自己曾經陷入非常深的人生低谷，甚至破產，後來遇到貴人相助才爬了起來，賺了許多錢。她想要做很多善事，包括捐助大學、設立獎學金、成立慈善基金等等，希望我能幫忙。

我差一點又要被騙了，但是先生的話言猶在耳，他一再提醒我，切勿聽到別人要做善事，未經查證就隨意相信。有過十幾年前的慘痛經驗，這次我非常謹慎，沒有輕易答應；經過了兩年，最終證明是騙局一場。

人生就是不斷地學習與開竅，我始終在學習「善良不要被利用」。現在我終於開竅了：我不能一直當爛好人，進而幫助別人成為壞人。

衝破困境很難，拒絕誘惑更難

面對誘惑時，每個人心中都有一個浮士德。

浮士德是中世紀歐洲傳說中的著名人物，他學識淵博，精通巫術；為了追求知識與權力，他跟魔鬼進行交易，出賣了自己的靈魂。這是人類永恆的課題，也是上天對每個人的試探。

回首前塵，我曾拒絕了三次非常難以拒絕的誘惑。

六歲進入台視拍戲，一轉眼也過了十年，我開始面臨少女轉型的演藝瓶頸。遇到成熟一點的角色，製作人總擔心我年紀太小，無法詮釋那樣的心境；若是還要扮演小孩子，坦白說年紀又太大，真的很尷尬。

在台視，大家對我的印象永遠是小孩子，我覺得我該離開尋求轉型了。雖然台視的合約還沒期滿，但我跟當時的副總懇談，希望他能理解我的窘境，讓我出去闖天下。

感謝副總願意終止合約，讓我跟中視簽訂新約，開啟了另一條演藝道路。

當時中視開播不久，華視也正要開播，因為演員數量不夠，所以兩家電視台同意交流彼此的演員。跳槽到中視後，我的演出機會變多了，不僅可以同時在兩家電視台演戲，戲路也變得更加寬廣。

後來華視準備推出一部強檔國語連續劇《保鑣》，製作人邀我擔任劇中的女主角。我知道華視非常看重這齣連續劇，很興奮地接下這個角色。我不僅先拍攝了開場和押鑣的外景，製作人也特別找武師來教我練武，而且量身訂製了我的衣服，一切都是那麼美好。

不巧的是，正式開拍前，中視和華視鬧分家，演員不能再互用了。《保鑣》的製作人希望我撕毀中視的合約，轉去華視發展，才能繼續演出《保鑣》。但我已經跟台視解約過一次，萬一演了《保鑣》沒有大紅大紫，又得罪了中視，那就真的沒地方去了。

為了留住我，中視的節目部王世綱經理還特別打電話向我保證，一定會找一齣戲讓我擔綱女主角。不過，擔任《保鑣》女主角也是好不容易盼來的機會，這真是令人左右為難，不知如何是好。

媽媽是個傳統的台灣婦女，她覺得做人不能唯利是圖，許多事情也都是命中註定。既然中視堅持不放人，華視也要我做個選擇，那就乾脆去大稻埕的法主公廟抽籤吧，讓老天爺來安排。

玉女明星能多久

我們抽出的籤詩是：去華視發展雖然會帶來許多名利，卻都只是曇花一現，吃不到羊肉反而惹來一身腥。留在中視呢？「待得太陽當面照，青雲得路任飛騰。」

答案很明顯了，我只好帶著歉意打電話給製作人，表明留在中視的決定。話筒那一端傳來的是製作人怒不可抑、生氣跳腳的怒罵，他說，我一定會坐在家裡看著電視後悔當初做了這項決定。

《保鑣》開播後，收視率果然一飛衝天，家家戶戶天天守著這齣連續劇，取代我

的女主角也因此被捧紅。看著那個原本屬於我的角色如此受歡迎，一開始，我的的確確後悔了。

塞翁失馬，焉知非福。這時中視決定開播午間時段節目，讓家庭主婦可以在中午收看戲劇。所以，中視決定以《一枝草，一點露》這齣閩南語連續劇來奠定午間時段的基礎；對中視而言，這齣戲的意義非比尋常。

《一枝草，一點露》的女主角必須從少女、孕婦演到老年，非常具有挑戰性，製作人也十分謹慎地篩選女主角。王經理真的非常照顧我，果然說話算話，不畏眾人質疑的眼光，力排眾議，強力推薦我擔綱這齣連續劇的女主角，給我獨挑大樑的機會。

我還是個少女，如何掌控跨越不同人生階段的角色呢？眾人的質疑和揣測激發了我渴望成功的決心，我一定要把握機會，成功演出這個角色，才能杜悠悠之口，不會辜負提拔我的貴人王經理。

為了扮演劇中多變的角色，我苦讀劇本，跟孕婦交談，試著瞭解懷胎十月的辛苦。我還學習路邊老人走路的姿勢、說話的音調，希望扎扎實實的演技可以博得觀眾的喜愛與欣賞。

上天是公平的，老天爺的安排是對的。《一枝草，一點露》播出後，得到了觀眾廣大的迴響與好評，收視率也比《保鑣》還高。製作人眉開眼笑，提拔我的王經理也證明自己沒看錯人；而我呢，則是繼最佳女童星獎之後，再次嘗到走紅的滋味。連續劇紅了寫到電視台給我的影迷信及要照片的信件如雪花般紛飛一袋袋帶回家，也有人請我登台作秀演唱主題曲，有人找我剪綵，也有人請我拍廣告，更多人上門邀我拍戲。曾經有一段時間，我接連拍了三齣戲，中午時段看得到我，下午時段也看得到我，晚上的八點檔也避不開我。

《一枝草，一點露》全體演員，陳明利在後方右二

曾經有人對我媽媽說：「除了新聞和氣象預報沒看到我，其他時間都在看我。」此時，我的事業終於攀上高峰。

「待得太陽當面照，青雲得路任飛騰。」法主公廟籤條上寫的，證明當年拒絕《保鑣》的誘惑是正確的。如果當時接受了《保鑣》的誘惑，選擇忘恩負義，跟中視解約，即便短時間大紅大紫，可能也會因擅自毀承諾而飽受非議，演藝事業可能就此沒落。

當生命問你，願不願意為了眼前大紅大紫的利益，出賣自己的信用，那是一種非常難以拒絕的誘惑。

這是我人生中第一次遇到的強烈誘惑，那一年我十九歲，第一次體會到拒絕誘惑的困難。

人生的第二次誘惑，更是難以抗拒，更是強大到無以復加的程度。因為那不是單純的兩難，而是陷入絕境時看似不得不然的選擇。

一九八五年聖誕假期，先生飛去香港，我獨自留在新加坡，當時真的發生好多事情：不僅因為朋友邀我參加家庭聖誕派對，讓我顧影自憐，第一次產生自殺的念頭；還有地下錢莊討債人來敲門，搞不清楚狀況的我差點落到紅燈區。

聖誕節過後，先生還沒從香港回來，我接到一通電話，是一位律師朋友打給我的。他拐彎抹角地說，有個印尼生意人很欣賞我，很喜歡我，是我的忠實影迷，多年來一直觀賞我演的戲。這個生意人聽說我嫁到了新加坡，也聽聞我的債務困境，他非常樂意幫忙，願意幫我解決債務問題。

我問律師：「所以，這個生意人要借錢給我嗎？」「不是，他不是要借錢給我，而是要我離婚。我接著問律師：「那麼，他要我跟他結婚嗎？」也不是，雖然印尼是伊斯蘭國家，可以合法娶四個老婆，但是他並沒有打算娶我。

只要我願意離婚，這個印尼生意人承諾給我安定美好的生活。當時我先生欠債一百六十萬坡幣，他願意幫忙全部還清，也會買一棟房子給我，再給我一百萬坡幣定存。律師要我考慮考慮。

只要願意離開我先生，所有的困境都解決了……

假如我說，面對這麼大的誘惑，沒有任何一點點動心，沒有任何一絲絲動搖，那絕對是騙人的。當時已經山窮水盡、走投無路，連自殺的念頭都冒出來了，有人可以立刻掏出一大筆錢，幫你解決所有問題，不可能不動心。

當你飢渴疲憊地走在荒涼沙漠上，看到不遠處出現了綠洲，有著豐沛清澈的泉水；就算你很清醒，直覺可能是海市蜃樓，不確定是真是假，還是會直直往前走，因為你看到一個希望在遠方。這個印尼生意人的出現、給我的試探，就像沙漠中出現的海市蜃樓……

那天晚上，先生從香港打電話回來，我對他說了這件事，想聽聽他怎麼說。先生沉默了一會兒，然後告訴我：其實，他出發去香港之前，已經在律師朋友那兒簽了一份無條件同意書，因為他不知道這趟去香港能不能找到解決的方法。有了這份同意書，我要做什麼都行，都可以單方面執行，包括離婚。

但是他強調，假如我是為了自己的幸福，不論我決定怎麼做，他都會尊重我，沒有半句怨言。可是，如果我是為了拿錢幫他還債，他一塊錢也不要，因為他不會為了錢賣老婆。

掛上電話，我哭了一整晚，百感交集。都離開演藝圈好幾年了，怎麼好像還在演電視劇啊，我到底該怎麼辦呢？

其實，在我問他之前，心裡已經有了一種想法：假如他當時有一絲絲猶豫，就算不一定馬上會離婚，以後我也一定會離開他，因為他曾經猶豫要不要賣老婆，這種人不值得留。然而，當他說出那麼堅決的話語時，我知道後面的路還很長，也很難走，因為我看不到黑暗的盡頭。這就像進入一條長長的隧道，完全看不到隧道出口透進來的那道光。

隔天我打電話告訴律師朋友，請他轉告那個印尼生意人，謝謝他的抬愛與賞識，謝謝他這麼看得起我。假如他願意借錢給我，我一定會還錢給他；但若是有附帶條件，就只能婉拒他的美意了。

得知我拒絕了誘惑，這個生意人怒氣沖沖地要律師轉告我，說我是全世界最笨的女人，故作清高，不知在矜持什麼，自以為還是黃花大閨女，還是昔日閃亮的玉女紅星！他說我是大笨蛋，笨到連「死」是怎麼寫的都不知道。

媽媽曾經說過：「只要發生這三件事，妳一定要馬上離婚：毆打妳；找女人；不賺錢養家，或是賺了錢不養家。」除了這三件事，沒有錢不是離婚的理由。

還沒結婚之前，還是光鮮亮麗的大明星時，我都沒選擇為了金錢嫁入豪門，結婚後怎麼可能反而選擇踏上這條路呢？結婚之前，就是不想為了錢而結婚；既然結婚了，怎麼可能為了錢而離婚呢？

這是不對的！就算陷入絕境，我都不能這樣做！

■

新加坡開放賭場後，誕生了一種新興行業：賭場仲介。賭場仲介就是介紹客人去賭場賭博，同時可抽取佣金；不過，一旦客人輸了錢不給錢，仲介也要負責。簡而言之，賭場仲介就是幫賭場帶業績進來，雖然有些風險，卻也是一筆龐大的商機。

透過一些考察，先生覺得這是大好商機，於是寫了企劃案送去審核。他要呈現的，其實是新加坡的觀光、移民、金融、教育、健康醫療等產業，賭場只是附帶宣傳其他優勢，是帶動其他產業加速成長的催化劑。

經過一年多的嚴格審核，終於通知我們進入最後階段了，但我們必須在保險與賭場仲介兩者之間選擇其一，因為會有利益衝突。不過，我們夫妻倆不需同時放棄保險業，只要其中一人放棄就可以。

關於這件事，我們確實掙扎了很久，始終覺得放不下這麼多年跟客戶的承諾與情感：一個行業要人存錢，要人愛家顧家，規劃客戶保障，另一個有可能會讓人……？

我曾經請教一位經營賭場仲介的老大姊，她是個虔誠的佛教徒，我很好奇她如何在賭博與信仰之間取得平衡。老大姊告訴我，佛渡有緣人，每個行業、每個地方都必須有人去「渡」；不深入那些地方，絕對渡不到那些人。這就好像我們常說的：不入虎穴，焉得虎子。

經營賭場仲介，雖然客人越多賺得越多，她還是會告誡賭客：「賭博可能會使人蕩產，能不賭就盡量不要賭；可是，如果真的要賭，就讓我帶你去賭！輸錢超過一定金額，我就不會讓你繼續賭；贏錢超過一定金額，我也不會讓你繼續賭。」她會建議賭客拿些賭場贏來的錢做慈善、積功德，其中的一成或兩成都好，間接也讓他們明白賭博其實是不太好的。

老大姊說得很有道理，但我還是很掙扎。有一天，我在賭場外面看到一個孩子嚎啕大哭，保安說孩子的媽媽已經進賭場三天了，他們必須把孩子帶去安頓。當時我心裡想：如果這是我們仲介的賭客，我們過意得去嗎？

後來我們決定放棄，因為我永遠忘不了那個孩子痛哭的畫面。我真的不適合這個行業。

決定放棄之後，有些朋友罵我們實在很笨，這是多少人夢寐以求的機會。繼上次拒絕了那個印尼生意人的金錢誘惑，我再一次被罵笨。說真的，我們夫婦倆認識許多高端客戶。然而，我內心堅信這不是我們做的事業，寧願被別人罵我笨也沒有關係。面對這個誘人的機會，我們可以開心坦然地對自己說：我們曾經擁有這樣的機會，只是選擇了放棄。

這一生，我不一定是億萬富翁，但曾經有億萬財富在面前飄過，我視之如浮雲，拒絕了誘惑。

人生在世，最重要是睡得安穩、問心無愧！

執子之手，與子偕老

多年前某對明星夫妻離婚時，有人問他們為什麼離婚，這位明星解釋：其實就是喝茶與喝咖啡的原因。

相愛容易相處難。熱戀時，不論看到什麼，都是優點；一旦生活在一起，經年累月在習慣與興趣上磨合，以前覺得是優點的，後來都會變成缺點。

上天的安排都是最好的安排，都有很深的用意，就看我們如何順勢而為。我跟先生的相識過程，是上天匠心獨具的安排；這麼多年來，我們經歷了一道又一道難關，一路披荊斬棘走到現在。

一九七六年，周遊製作的《一縷相思情》要我演出。這齣戲不僅在台灣播放，也在新加坡播出，廣受新加坡觀眾喜愛。因此在一九七八年十月，我受邀至新加坡作秀兩個星期。

有一天，秀場的一桌客人點唱生日快樂歌；也就在那一天，我跟坐在台下聽歌的先生有了一面之緣。

下了秀場，我跟同房的女歌星外出，前去當時台灣藝人最多的海燕歌劇院跟朋友聚聚，結果又跟先生不期而遇。

緣分就是這麼奇妙，上天要你遇見哪個人，跑都跑不掉。當晚下著大雨，我們苦於無車回飯店，有位先生（他也就是後來我的先生）指著門外一輛非常拉風的保時捷跑車說：「我載妳們回去，好嗎？」見他長得斯文老實，我們倆欣然同意。

回程路上，他提到算命師說過，他的老婆來自海外。他直接指著我說：「妳就是我要娶的老婆！」

我朋友說：「您別開玩笑了，我們陳小姐是台灣很紅的明星耶！」

「真的嗎？真是抱歉，我從小受英文教育，看不懂中文，平常也沒看中文節目，不知道妳是明星。」他向我賠了不是。

因為電視的關係，因此在 1978 年 10 月，
我受邀至新加坡作秀兩個星期。
感謝照片提供者中視老同事 陳協富。

「她現在都在『珠城』作秀呢！」我朋友又插了一句話。

「喔，我想起來了，妳就是今晚在台上唱生日快樂歌的那位小姐，我剛剛沒認出妳，對不起。」

我禮貌地回他：「沒關係，我知道您是無心的。」

雖然說著「沒關係」，我的心中其實不太高興，覺得這位先生似乎太狂妄了。後來他打電話邀約我，我都不理不睬；直到回台灣前幾天，他來到秀場，我們才再次碰面。

表演即將結束的前幾天，媽媽來新加坡陪我，這位先生自告奮勇帶著媽媽到處遊覽。在這幾天的相處中，我看到他孝順細心的一面。媽媽很喜歡他，對他讚賞有加，因而漸漸改變我對他的原本印象。

回到台灣後，原本以為這段緣分到此結束，沒想到半個月後他就從新加坡飛來找我，也因為他後來的點點滴滴我被他的誠懇感動。我心知若我錯過了他，這一生恐怕再也找不到第二個像他這麼疼我的人。一年後，我決定跟他共度一生。

當那次要我離婚、幫我還債的誘惑出現時，我的確懷疑過他會不會要我接受，但是他沒有。從香港回來的那天晚上，他主動問我，他是不是要搬出去？我告訴他不必，因為我已經拒絕了。當場我們抱頭痛哭，因為我們非常清楚知道，接下來的日子更加艱難。

我曾是個紅透半邊天的漂亮女人，在台灣和新加坡都非常有名。嫁到新加坡之後，我做的又是一份非常需要持續接觸人群的工作，因此當我負債累累時，流言傳來傳去，句句傷得我體無完膚。欠債本身就是一種苦，精神上的痛苦更是難熬。雖然很多人對我說：想跟我談保險，那就來吧！可是，即便我已洗盡鉛華、退出螢光幕，其實很多人就只是想跟我吃飯，根本不是要向我買保險。

曾經有五個在新加坡有頭有臉的生意人告訴我，他們願意各自向我購買保費一百萬坡幣的保單。當時我的財務危機已經浮現，他們簡直是大善人，竟然願意雪中送炭！

接下來三個月，我的行程表幾乎都是為他們安排。他們常常約我一起吃飯，飯局中卻絕口不提保險，盡是聊些與保險無關的事情。只要我一提到保險，他們就說必須找會計師商量，或是者說要出國開會，甚至常常讓我在他們的辦公室等候好幾個小時，完全不見人影。

就這樣，我把所有心思都花在他們身上，幾乎停止約訪其他客戶，三個月過去了，連一張保單也沒銷售出去。後來，先生一句話點醒我，我才知道這五個生意人根本在要我，只是想要大明星在他們身邊跟前跟後，讓他們覺得面子十足、倍增光采。

還在台灣當明星時，我最討厭的就是飯局。曾經有個製作人口沫横飛、好說歹說，就是要說服我跟廣告商老闆吃飯。他說不是只有我一個人去，還有好幾個女星也會去，我只是去打個招呼就好。幸運的是，媽媽受日本教育，我也聽得懂一些日文。那個廣告商老闆沒料到我聽得懂，用日文問了製作人一句：「吃完飯後，哪幾個人可以留下來？」我當場就告訴他們，我有急事必須離開。

當明星時都那麼討厭這種事情了，現在不當明星卻被這五個生意人耍著玩，用辭翁之意不在酒的態度約我吃飯，讓我覺得非常受辱。我的心真的好苦啊！有時，某些客戶跟我成交保單後，也會意在言外地說：都簽約了，我們去哪裡呢？他們甚至暗示我，他們的朋友都說跟我買保險就可以怎樣。更令我難過的是，也有很多女人會告誡她們的老公：跟誰買保險都可以，就是不能跟陳明利買，因為她會勾引客戶……

這些流言，我都忍下來、吞下去了。

那五年還債的日子真的是很苦，但還有更苦澀的。在落難攜手走這條路苦難道路時，除了還債都來不及了，討生活是當下最重要的，根本沒有心思煩惱彼此的摩擦與裂痕。債務還清後，夫妻同甘時，摩擦竟然越來越多，更是考驗我們對彼此的感情與信任。為了我們的婚姻，每天晚上七點，我一定回家吃飯；任何必須在夜間銷售保單的生意，不論再大再好，我都不去。

一九八七年，我努力衝刺業績，成了美國百萬圓桌協會（MDRT）的「超級會員」（COT，Court Of the Table）。一九八八年，我又成為東南亞第一個百萬圓桌「頂尖會員」（TOT，Top Of the Table），對於自己的事業與人生，我已經漸漸看到曙光了。一九八八年底，我把媽媽接來新加坡一起住，直到一九九六年媽媽過世。

先生非常孝順媽媽，我很感恩，他讓媽媽在人生的最後幾年過著頤養天年的生活。媽媽年輕時，曾有算命仙說她會越老越好命，年老時會坐在高腳椅上，用小椅子擱腳。真的，先生幫媽媽買了一張舒服的椅子，卻因為椅子太高，又買了一張小椅子讓媽媽墊腳。媽媽每天坐在家門口，等著我們下班，跟我們說話。在她過世前的最後歲月，我真的給了她最快樂的日子。

一九九六年，媽媽住進醫院之前，先生告訴我：「萬一發生了什麼事，不論妳要怎麼做，我都會全力支持。」雖然媽媽臨終前什麼都沒說，但我非常瞭解她，知道她很怕孤單，不願一個人待在殯儀館，想要回家。因此，媽媽過世的當天早上，我就告訴先生：「我要帶媽媽回家。」

先生二話不說，立刻接媽媽回家，讓媽媽在家中待了幾天，風風光光為媽媽辦完後事。媽媽是我生命中最重要的人，先生對媽媽的孝順，讓我永遠銘感五內、滿懷感恩。

媽媽出殯那一天，我捧著她的靈位，坐在客戶借給我的全新勞斯萊斯上。在前往光明山火化的路上，我對媽媽說：「您知道您坐的是最新的勞斯萊斯嗎？」

同時，我也對爸爸說：「爸爸，答應您的事情，我做到了！」

■

媽媽過世後，我覺得我的人生已結束了一個階段，再也沒什麼後顧之憂。一九九八年，我親愛的兒子來了，人生又是一段新的開始。媽媽說過：「手抱孩兒方知父母恩。」兒子讓我更加明白為人父母的責任有多麼重大。

媽媽每天坐在花園門口等我回來。

我們曾經想要走進律師事務所，結束這段婚姻。媽媽過世後是第一次，因為當時認為，這些年所吃的苦，以及所有的忍氣吞聲，都是為了還債，也是為了不讓媽媽擔心。因此，我們並沒有真正面對婚姻中出現的一些問題，也沒有給彼此空間去思考如何改善雙方家庭背景與教育文化的不同，只是同心協力面對外來的所有困難與挑戰。

然而，真要這麼輕易就放棄這段經歷了大風大浪、同甘共苦的婚姻嗎？我們擁有許多共同的美好回憶，也有不少共同的慘痛經歷，難道不能一起走下去？最後，我們選擇繼續一起走。

二〇〇五年，公司給了我一項新任務，就是要帶領團隊專注在高端客戶市場，先生也認為這項新任務與新挑戰非我莫屬。所以他要我轉換角色，從單兵作戰的業務員變成帶領團隊的教練。

後來我才發現，在潛意識中，我一直把先生當成父親，跟隨他的腳步。先生對我的要求非常嚴格當他指導我處理人與事的時候，我們彼此的看法會有所衝突，我很想證明他是錯的。不過，畢竟薑是老的辣，其實他有許多經驗值得我學習。

這輩子我一直很擔心有什麼事情沒做好，有朝一日可能會後悔，因此他要求我的，我都會做到。在事業上，他一直督促著我，我知道他是為我好，因為他是我的主管；我的成績好，他的事業會更好。假如先生不是我的主管指導我，這些年來，我敢說我再也不連拿十八年新加坡第一名、十九屆高峰會長、三十四年百萬圓桌會員、三十年頂尖會員。

在許多理念上，我跟先生非常相似，但我們的個性卻大不相同。這大不相同的個性不只是「喝茶與喝咖啡的不同」，對於某些事情的見解與看法，以及個性上的興趣，也是大不相同，改不了的。興趣不同沒關係，還是可以共處，不要互相勉強，你喝你的咖啡，我喝我的茶。最重要的是，我們知道人生的目標是一致的，我們的心是善良的，彼此是互相關懷的。

這段婚姻路，儘管荊棘密布，卻有著許多美好的共同回憶。雖然我們跌跌撞撞，但還是攜手走過來了。

人生有奇遇，處處遇貴人

不管您現在在順境也好、逆境也罷，請您一定相信天無絕人之路，上天給我們每一個人這一生有苦難也有祝福。

常聽人說苦難也是另一種化妝的祝福，苦難中必有上天對我們的美意。

我享有太多的恩惠、奇蹟與奇遇了。

我何其榮幸，有緣認識國畫大師張大千先生。張伯伯和張媽媽晚年定居台灣時，非常欣賞我的戲，特地帶我去他們的住所看他畫畫，享用他的家鄉菜。幾個月之後，有一次張伯伯告訴我，張媽媽責怪他為什麼沒有畫一幅畫送給我，張伯伯回答她：「這個小丫頭都沒開口向我要，等一下送她，如果她不要，我扔到垃圾桶。」我趕緊說：「張伯伯，您的畫作那麼值錢，我哪敢開口要啊！」張伯伯反問我：「那妳要不要啊？」我問他：「我有榮幸得到您寶貴的一幅畫嗎？」張伯伯說：「我已經畫好，也幫妳鑲好了，今天就叫司機給妳帶回去。」當時我感動得都要掉眼淚了，多少人想要張伯伯的畫作，不管多少錢都願意給，他都不畫！

我結婚時，張伯伯不但送了一幅水墨畫和一副對聯做為新婚賀禮，還帶著張媽媽一同出席我的婚禮。而劉玉章和劉安祺兩位四星上將也出席了婚禮，五星上將何應欽伯伯更是贈送一本收藏多年的畫冊給我，令我十分感動。

看著張伯伯畫畫

除了長輩的祝福，我的婚禮更在中視大年初二的特別節目中播出。這是我在演藝事業中的最大榮耀，也為我的演藝生涯畫下完美的句點。

風風光光嫁到新加坡，著實光采榮耀。不過，任何事情都是一體兩面，如此亮麗的明星光環卻也成了我在新加坡的最大壓力。

但我是幸福的，得以見到許多新加坡人都非常景仰的光明山宏船法師。在我們人生最困頓的時候，他願意來我家為我們誦經祝福。

我是有福氣的，能三次為星雲大師主持法會，二〇一三年開始為不丹法王的法會翻譯。二〇一一年，不丹國王與皇后在新加坡度蜜月的時期，我也有幸受朋友之邀，與他們同桌共進晚餐。

與張媽媽

現在想想，一九八五年真是我人生非常關鍵的一年，那一年發生了好多好多事情：開始陷入財務危機；第一次想自殺；第一次在保險業拿到第一名；糊里糊塗在紅燈區簽了一份債務保證書；面臨這一生最大的誘惑……

如同一般的人那年九月，有一個朋友告訴我，香港有一位非常厲害的師父。朋友叫我一定要去香港給師父算一算，那位師父實在算得太準了，雖然很貴，就算借錢都要去找他算算。那時我真的已經沒錢了，但是在那種山窮水盡的困境下，在朋友極力推薦慫恿下，我真的借錢去找那位師父指點迷津。

與不丹皇太后

師父一見到我，就先問了幾件事。他說我應該有很多父母，至少有三對，不然養不活我，兩歲就死了，沒錯吧？真的說對了，小時候經常生病快養不活了，別人告訴媽媽，必須把我送給觀音菩薩當孩子，再找兩對父母做為他們的乾女兒，請求他們給我水和米，後來我真的奇蹟似活了下來。

師父又說，我應該要送給別人撫養，當初若是送給別人，我就大富大貴了。真的，當初有大富人家想要收養我，但是媽媽不願意。

為了證明所言不假，師父繼續看著我的八字，點出我身上特別之處。他說我的兩隻耳朵長得不一樣，要我撥開頭髮仔細瞧瞧。又被他說中了，兩邊確實不一樣。

他又問我身上是不是有兩個傷疤或胎記，若是有，這輩子就不必動兩次大手術；若是沒有，這輩子肯定要開大刀。有，小時候打疫苗，爸爸擔心打在手臂上不好看，就要求護士打

後一我的先生，不丹國王左一 Jigme Khesar Namgyel Wangchuck 旺楚克及皇后 Jetsun Pema 到新加坡度蜜月

在我的大腿上，後來卻化膿，因此留下兩個傷疤在腿上。

接著，師父語意深長地問我，九歲到十五歲之間，爸爸有沒有離開過我？有沒有跟媽媽吵架、遠走異鄉他國好幾個月？如果沒有，爸爸會在我十五歲那年過世。我聽了心頭一驚，趕緊問為什麼，難道是我剋死爸爸的？師父搖搖頭，他說是因為我九歲開始走大運，後來拿了最佳女童星獎。到了十五歲，爸爸享不了我的福，跟不住了，沒有享福的命。

這讓我聽了好難過好心酸，爸爸這麼疼我，竟然無緣享我的福。我接著問師父：「如果爸爸離開過我，是不是就不會那麼早過世？」師父還是搖頭，他說就算這樣，在我十九歲時，爸爸還是會離苦得樂，因為那時我又開始在演藝路上走大運。的確，《一枝草，一點露》讓我成為家喻戶曉的明星，我註定要賺大錢，爸爸命中註定就是不能享我的福，人生就是這麼無奈。

爸爸那麼疼我、那麼愛我，卻沒有這個福分，我真的好心疼……

這位師父果然厲害，以前發生的事都被他說對了，我心想：「以前的事我都知道了，但我最想知道以後會發生什麼事。」於是我問師父，我會不會破產，甚至躲債跑路？師父說不會，他說若是要破產跑路出大事，七月就已經出了。現在九月了，我已經到了谷底，準備開始往上爬，摔得多深就會爬得多高。當時他甚至說，那年年底我就會拿到第一名，到了一九八七年就一路往上走，可以昂首闊步向前行！

師父要我繼續待在保險業，堅守這份事業，不要回去拍戲。他還篤定我以後可以連續十幾年拿第一名，當時都覺得很好笑，連第一次都還沒拿到，怎麼可能連續十幾年？現在回頭想想師父說過的話真是神奇，他說過的都被事實一一印證了。

能見到這位師父，真是一場奇遇。我回想起師父當時說的許多事情，第一件被印證的就是，當時他要我去找一位瘦瘦高高的老人家，越老越好，那位老人家將是我的貴人。我想起了駱水興先生，他是為我第一本書寫序的人，當年就是他介紹一位印尼

生命中的一位重要貴人—早期新加坡華商享有孟嘗君之稱的駱水興先生。

大客戶，讓我在一九八五年最後一個月簽下了一張大保單，因此拿到踏入保險業的第一次冠軍。

師父還說，隨著年紀增長，我會越來越受尊重，終將載譽全球。我想起了小時候爸爸請個美國大兵幫我取英文名字，我叫「明利」，相似的發音就是「Ｍａｒｙ」。爸爸說，以後我一定會名揚四海，全世界都會認識我；外國人不會唸中文，有了英文名字比較容易被記住。

這些事聽起來都很玄，好像在寫小說，可是它們真真切切發生在我的生命中，我的一生簡直充滿了奇蹟與奇遇。

借錢去找這位香港師父是正確的抉擇，在我人生陷入最低潮的時候，給了我很大的信心。我給師父看了我的八字，因為師父依據八字準確說出以前發生的事，說出許多命中註定的奇緣，所以我相信他預測的未來。

我始終覺得，每個人都應該樂天知命，對自己的原生家庭充滿感恩，因為那是上天賜予的。也因為我知道上天給了什麼，知道自己的命是什麼，所以不會抱怨，就是全力以赴。

師父說我「六親緣疏」，我不能靠別人、靠父母、靠兄弟、靠姊妹，只能靠自己，只能仰賴自己的努力。沒關係，我知道了，這就是我的命。這樣也好，知道自己的命，就不會總是苦惱或埋怨別人為什麼不肯幫我，也不會羨慕別人。

人生最痛苦的，不就是有所期待卻落空？不要有錯誤的期待，就不會期待落空，也就不會這麼難過、那般痛苦了。

有人認為，只有悲觀的人，才會想要算命。但我認為，不論是樂觀或悲觀，重點是願不願意傾聽內心的聲音，深入瞭解真正的自己。人最怕不自知，知道後就不可怕了。

1965 年金鼎獎得獎照片。Mary Chen 是爸爸幫我寫的。

雖然我們總是把「命運」兩個字擺在一起，但其實應該分開看待。「命」是不能改的，「運」卻是可運作的；就算是命中註定，只要我們願意，還是可以改變自己的運。

我先生很喜歡一位印地安酋長的名言：「美好的經驗來自不好的經歷，不好的經歷來自不好的經驗。」

經歷，就只是一段過程，就是我經過了卻沒有任何體會或收穫。經驗，就是經過之後有了體會和學習，有所收穫。沒有經驗就會一直走錯路，每一段美好的經驗都來自挫折與磨難。

就算跌倒了，也要知道為何跌倒，如何避免再次跌倒。這就是收穫與學習，就是美好的經驗。

經過了這麼多挫折與磨難、誘惑的試探，甚至差點結束自己的生命，我的人生已經有了許多美好的經驗。我羨慕自己曾經擁有那麼多不好的經歷，卻能夠一一克服。我羨慕自己從小必須忍氣吞聲、掙扎不已，現在卻還是活得那麼知足那麼好。

因此我衷心希望，不僅要讓別人羨慕我，更要做個讓自己都羨慕的人。雖然不是多麼富有，在保險行業也有了自己的名氣，但是爸爸對我期望真的發生了，我到世界各地演講時，大家都叫我Ｍａｒｙ！

所有的客戶都是我自己培養出來的，我跟他們建立堅定的感情，連七十三歲的上市公司老闆都叫我一聲「明利姊」。他們佩服的是我的勇氣、經歷、人生，以及做人做事的態度，而不是我的身家財富。

只要努力做好自己的工作，真心誠懇對待別人，不管在哪裡，人心都是一樣的。你對別人好，別人會對你更好。

我的名字是「明利」，它不代表「有名有利」，而是「光明磊落，利益眾生」。這是我一生的信念。

■

這一生我依命而走，依後天環境來運作人生。

二〇一六年先生在不丹嚴重摔傷後，那一年多的復健治療更讓我明白了夫妻本是同林鳥。「眾裡尋他千百度，驀然回首，那人卻在，燈火闌珊處。」經過了這麼多風風雨雨，依然是執子之手，與子偕老。而在回首那燈火闌珊處之時，我想起了這輩子最不可思議的奇遇。

一九九〇年，我們終於還清債務了。當時爆發了波斯灣戰爭，許多新加坡人想要移民，房價跌得很慘，於是先生借了保單現金價值做為購屋訂金。當時我們還缺乏資金，因此等了兩、三年才翻修成一棟非常漂亮的別墅。

搬入別墅後，每天進進出出，總覺得別墅前方的公寓大樓實在眼熟，似乎來過這個地方。有一天我終於恍然大悟：原來，那棟大樓的頂樓就是一九八五年朋友邀我參加聖誕派對的空中花園；原來，那裡是我第一次想要跳樓自殺的地方。

當時是漆黑夜晚，看不清周遭環境，坦白說也無心到處張望，難怪多年後忘了曾經來過這裡。我只記得，那天晚上除了強顏歡笑，就是徘徊在頂樓邊緣向下望；而我看到的那兩排房子，那棟有著閃亮聖誕樹和溫暖燈光、看起來溫馨又開心的別墅，就是我現在的住家。

如果當初選擇往下跳，掉落之處，就是現在住家的前方。

什麼是命？什麼是運？什麼又是緣呢？

人生就是要堅持到底。山窮水盡疑無路，柳暗花明又一村。

TOP REGIONAL
& TOP COMPANY-WIDE
9.26 台北國際會議中心
回到初心

第二章

成長：撥雲見月

跟著客戶一起成長

一九八〇年秋天，我嫁到新加坡已經半年。除了前三個月主持綜藝節目，其他的日子就是每天早上被先生載到購物中心，放我一個人到處逛街，不然就是找幾個同樣講華語的朋友一起喝茶看秀。旁人看來，這真是悠哉無慮、令人豔羨的生活，很多人都覺得我真好命。

然而，對我而言，這種沒有工作、只能

新加坡的地標。

享樂的生活簡直無聊到極點，但我又不知道自己能做些什麼。

無所事事的日子，讓我非常想念媽媽和台灣的親朋好友。婚後第一年，我足足飛回台灣七次，第二年也回去了六次，每一次都待在台灣將近一個月。

先生體諒我思鄉情切，多次陪我回台灣，令我覺得非常窩心。但我總覺得這樣耽誤他的工作似乎不妥，經常告誡自己不能老是想著回台灣，否則對這段婚姻並不公平。可是，我實在厭倦了整天無所事事的日子……

一九八二年二月，一位已婚女性朋友來到家中作客，言談間透露出很想再回到職場工作，但是她十分徬徨，不知該做什麼。這種窘境怎麼跟我那麼像呢？

先生鼓勵她：「保險業是一份很好的事業，既不會被朝九晚五的時間綁住，又可

以安排自己的時間，自己就是老闆。」嫁給從事保險業的先生兩年多，我從未深入瞭解他的工作，只知道這份工作確實相當自由，收入也不錯，先生才能經常陪我一起飛回台灣。

這位朋友頗為心動，卻又擔心無法通過保險證照考試，所以央求我陪她一起去上課，可以督促砥礪她。

我心想：好啊，反正閒著也是閒著，就陪妳一起去上課吧！沒想到無心插柳陪著朋友上課，卻促成我跟保險結下了不解之緣。

在上課過程中，我漸漸瞭解為什麼人們需要保險、保險的重要性和好處是什麼，這才讓我恍然大悟：原來保險是幫助人的！

「翻開報紙看到重大車禍時，最先想到的是他的家人該怎麼辦；接著就會想到，如果他的家人沒有錢，那該怎麼辦？可是，如果他已經買了保險，第二個問題不就解決了？」

聽到老師這段話，我想起了昔日在台灣趕場作秀的情形。早年在演藝圈當紅的時候，在南部我一天要趕十二場秀。有一次，一位名叫「阿九」的計程車司機載著我和主持人飛車趕路。他開得實在太快了，抵達秀場時，我已經緊張到胃部抽筋，無法上台演唱。

阿九的雙親很早就過世，奶奶獨自撫養阿九長大，兩人相依為命。我很擔心阿九，因為他一點危機意識都沒有，當時在車上就告訴他：「謝謝你幫我們趕場，但是你千萬不要開這麼快，真的很危險。」不幸的是，一年後，我聽說阿九出車禍走了。

老師上課的內容讓我想起阿九的奶奶，她含辛茹苦養大阿九，結果阿九年紀輕輕就離世，孤苦無依的她該怎麼辦？假如阿九當年買了保險，雖然無法撫平失去阿九的傷痛，但是奶奶的後半輩子會不會過得好一點？

應該會的！我終於知道自己可以做什麼，不用再過無所事事的生活了。保險的用意這麼好，我決定把保險當成自己的事業。

那段期間我認真準備考試，很少外出，也很少參加朋友的聚會。後來有位朋友打電話來，好奇問我到底在忙什麼，怎麼好久沒看到我，才知道我沉浸在書堆中。

「來我家聊聊，讓大家知道妳在忙什麼吧！」盛情難卻之下，我去了朋友家拜訪，這才發現朋友家中還有我不認識的人。

朋友問我到底在準備什麼考試，也十分訝異從事保險業竟然要上課考試，這讓她產生了無比興趣，想要聽聽老師上課都教些什麼。因此，我依樣畫葫蘆將老師上課說過的內容轉述給在場所有人聽。

「那……我跟妳買。」一位我不認識的太太聽著聽著，竟然決定向我買保險，我還以為我聽錯了。

「可是，我還沒通過考試。」這位太太爽快地說：「不然，等妳考到執照後，我再跟妳買。」

通過考試之後，這位吳太太立刻成為我的第一位客戶，簡直是我的貴人。

第一個客戶

四個月後，我很好奇地問她，當初為什麼願意跟我這個還沒通過考試的菜鳥購買保單，這個問題在我心中存在了好久。

「因為我知道妳說的是真心話，不是為了賣我保單才這樣說給我聽。」的確，當時我只是單純說出上課聽到的內容，完全沒想到要銷售保單。「而且，第一次見到妳的兩個星期前，有一天早上我在浴室中昏倒。當時老公去上班，沒人發現我昏倒，還好半小時後自己醒過來。事後我曾經想到，萬一當時我就這樣走了，媽媽和孩子要怎麼辦？」

所以，當她在朋友家聽我說到保險的真諦時，知道保險可以讓人安心，深深觸動了她的心弦，引發共鳴，當場就決定要向我買保險。

吳太太這番話給了我很大的啟發：只要自然而然說出自己對保險的感受，發自內心說出口，就是最好的銷售方式。相反地，若是使用各種千奇百怪的話術來面對客戶，滿腦子就是想著銷售，反而會遭人排斥。

帶著這樣的啟發，我一步一腳印開拓自己的保險事業，倏忽三十六載。

三十六年來，我陪著客戶一起成長，走過他們的各個人生階段，與他們同歡，與他們同悲。這當中的點點滴滴洗滌了我的心靈，更豐富了我的生命。我的人生和這些客戶緊密結合在一起，沒有他們就沒有現在的陳明利。

剛開始從事保險業時，我曾去一家牙醫診所洗牙，那時還很生澀，沒有勇氣直接向牙醫夫婦開口談保險。過了一個月，我還是鼓起勇氣打電話給那位牙醫，約了他們夫婦討論保障。雖然他們在我約訪不久前才做了規劃，卻還是成為我的客戶，幫自己的孩子購買了保單。

這對夫婦是梁醫師梁太太，他們後來成為我們一家非常要好的朋友，甚至成為我兒子的乾爹乾媽，十分疼愛他。從我兒子一歲多開始，梁太太就幫我帶著兒子讀書；當我工作十分忙碌甚至必須出國時，她也幫我照顧兒子，令我非常感恩。

媽媽過世後，我在新加坡已經沒有娘家了，但是梁醫師梁太太這些年對我的關愛與陪伴，讓我覺得我在新加坡還是有娘家的。多年來，我們已經從客戶變成了家人，人生的緣分就是這麼奇妙，也充滿了感恩，他們夫婦是我生命中的貴人。

一九八四年，我認識了另一位貴人洪先生，他是造船廠老闆。當時剛開始創業，能省則省，他把辦公室設在改裝過的廢棄貨櫃中，胼手胝足逐步建立起自己的事業。

洪先生的工廠設在非常偏僻的地方，距離我的辦公室很遠，每次都要長途跋涉才能抵達。廠區內蚊子非常多，爛泥巴也多，想要見到這位老闆必須通過蚊子和爛泥的考驗，真是辛苦。但我始終不放棄，他被我的毅力感動，最終成為我的客戶。

一九八七年之後，他的事業經營得更出色，每次我去找他，他都會談起自己的目標，然後爽快地告訴我：「假如我簽到這次合約，就要再跟妳買一張保單。」

洪先生的產品優良、信譽卓著，得到許多客戶的肯定與讚賞，業績蒸蒸日上。他果真信守承諾，只要簽成一次合約，就跟我買一份保單。年復一年，我們從客戶關係變成朋友情誼，再從朋友情誼昇華為姊弟相互疼惜，連他的太太和孩子也跟我先生成為很好的朋友。

後來他變成新加坡數一數二的造船廠大老闆，我看著他的事業一步步發跡起來，分享他的喜悅，學習他的經驗，跟著他一起成長。

一九八八年，我給了自己一個很大的目標：成為東南亞第一個拿到百萬圓桌協會最高榮譽「頂尖會員」的業務員。當洪先生知道我正在為這個目標努力時，拍拍胸脯豪爽地告訴我：「明利，妳不用擔心，盡力去做，我一定會支持妳，不論差多少我都會補上去。」

當年十一月，洪先生主動拿了一張已經簽名的空白要保書給我，還做好了體檢。「最後看看還差目標多少，妳就自己填上數目。」他的心意讓我非常感動，我下定決心往前衝，並且告訴自己：「明利，有這麼好的客戶支持，妳更要全力以赴，不要辜負了他對妳的支持。」

全力衝刺後，憑著自己的力量，我就達成頂尖會員的目標，不需仰賴洪先生的空白要保書。後來再次見到洪先生時，他一直笑我傻，即使不需他的幫忙就能達到業績，我還是可以告訴他，需要他幫忙多買一份保單。但是我不貪心，誠實告訴他業績已經達成，謝謝他給我這麼大的精神鼓勵。

貪心並不是從事保險工作的真諦，真誠助人才是達成目標的最大助力。洪先生非常欣賞我的真誠，他要我留著這張空白要保書，承諾我永遠有效！

這張空白要保書已經被我裱框起來，它是我刻苦銘心的紀念品，紀念著我跟洪先生的深刻情誼。

■

也是在那一年，洪先生介紹了一位大船主王先生給我。他說王先生養育六個孩子，卻完全沒有保險，一定很需要保障。但是這位王先生非常排斥保險，第一次跟我碰面後，就私下向洪先生表示，希望不要再見到我。

王先生在新加坡沒有固定的辦公室，每次風塵僕僕來到新加坡的船廠查看船隻建造進度，很快又飛往其他國家。對於這麼忙碌的空中飛人而言，時間真是分秒必爭，我很難確切掌握到他抵達新加坡的時間，實在非常棘手。可是，洪先生極力要我將保障觀念帶給王先生，因為他覺得王先生真的非常需要。

左思右想，我終於想出一個辦法，就是請洪先生的秘書幫我留意王先生的行蹤。這位秘書也是我的客戶，對我非常友善，十分樂意幫忙。

「假如王先生來了，麻煩妳趕快打呼叫器給我，我會儘快過來。」

「可是，我們辦公室這麼遠，如果妳辛苦趕來他卻走了……」

「沒關係，只要他一來，妳就在呼叫器打『八八』，我就知道了！」

從此，只要呼叫器上出現「八八」，我就馬上飛奔船廠辦公室，但是常常在我抵達船廠的時候，王先生已經離開了。看到我撲空好多次，秘書感到很不好意思，我說不要緊，只要王先生出現，就繼續打呼叫器給我。

有時我到了辦公室，得知王先生在船廠裡，就坐在辦公室等了好幾個鐘頭，沒想到王先生竟然從另一個出口離開了。就算好不容易見了面，卻也因他行色匆匆，只能打個招呼，根本無法好好說上幾句話。

就這樣持續了大約一年，一九八九年底，我到裕廊拜訪一位老闆，順道前往洪先生的辦公室。洪先生的秘書一見到我就興奮地說：「真巧，等一下王先生也會來！」

「這樣啊，那我先去隔壁看另一位客戶，王先生一來就趕緊打呼叫器給我！」

沒多久，呼叫器上果然出現了「八八」，我趕緊跑回辦公室，王先生果然在那兒。看到我出現，王先生有點訝異。我告訴王先生這絕對不是巧合，因為我是專程來找他的。聽到我這樣說，王先生更驚訝了，完全不敢置信。

「您會不會覺得這一年來常常看到我？」

「會啊，妳不是來找洪先生的嗎？」

「不是耶！很多時候都是我已經等候您好幾個小時了。有時候您會跟我打招呼，有時候您會說『沒時間，要走了』，您記得嗎？」

我對王先生說：「其實，我只是希望您可以給我五分鐘。」

「好啦好啦，要說什麼就說吧！」王先生總算願意聽我說幾句話了，我趕緊把握機會問他：「王先生，請問您現在大概有幾艘船？」

「大概三十幾艘吧！」

「那麼，您的船都有保險嗎？」

「當然有啊！」

「既然您的船都有保險，而您是這些船的主人，請問您自己有沒有保險呢？」

這時王先生反問我：「為什麼妳找了我一年還不死心呢？」

我告訴他：「因為洪先生告訴我，您有六個孩子，而且您還這麼年輕，孩子的年紀一定也不大，老婆又是在家照顧孩子的家庭主婦。假如有一天出了什麼狀況，您想想看，孩子和老婆能夠打理您的生意嗎？他們有辦法管理這些船隻嗎？如果沒辦法，您的兄弟願不願意無條件幫忙打理事業、繼續支付生活費用給您的家人呢？就算他們願意，等到您的孩子長大，他們願意把公司交還給您的孩子嗎？」

「就是因為我知道您有保險需求，所以追了一年還不死心。假如您的想法不是這樣，覺得自己沒有保險需求，那也沒關係，我很感謝您至少給了我十分鐘。」我誠懇地對王先生說。

經過這次談話，王先生變成我的忠實支持者，全家都成為我的客戶。而在成交保單的體檢過程中，王太太竟然檢查出某些身體狀況，幸好發現得早，得以順利治癒，王先生更因此體會到老婆和孩子才是他生命中最重要的資產。

一九九七年的亞洲貨幣危機雖然影響到許多人的生意，但是這些年來，王先生在新加坡存下的保險現金價值，幣值因匯率波動增長了好幾倍。保單裡的現金價值準備金不但順利幫他度過難關，更讓他有能力收購一些出現經濟困難的公司，事業更是一飛沖天。

王先生非常樂善好施，發跡後積極回饋故鄉。他來自印尼一座非常偏僻又原始的小島，那是非常靠近長耳朵土著（當地原始部落居民為了增加美感，在耳朵上打洞，不停地拉長耳朵）的地方。當初他希望孩子學會說華語，千辛萬苦將孩子送到新加坡求學。事業成功後，他毫不吝嗇建設鄉里，小島上的第一家麥當勞、保齡球館、商場都是他努力建設的。而且當他知道我在中國捐贈了希望小學時，也跟著在中國捐贈了八所希望小學，熱心助人的善念實在令人感動。

我跟王先生建立起深厚的情誼，他就像個慈愛的大哥，非常照顧我。有一次，王先生在業績競賽的最後一天來到我的辦公室，恰好聽到總公司同事告訴我，第二名的業績快要趕上我了，當下他二話不說、豪氣干雲地對我說：「不要緊，下午我再叫兩個人飛過來！」

聽起來很像大哥在交代小弟辦事情，下午果然就有兩個朋友特地從印尼搭機來新加坡，簽了保單，做完體檢，兩個鐘頭

1997年的亞洲貨幣危機影響到許多人的生意

後就飛回印尼。

這種毫無保留的支持，任誰都會永生難忘，點滴在心頭。

可惜天妒英才，王先生實在太過操勞，燃燒意志力在經營事業與回饋社會上，終至積勞成疾。二〇〇二年，他才五十多歲就與世長辭。

臨終前，王先生慎重地告訴太太：「我的後事就交給明利了，她會幫妳妥善安排所有事情。」聽到他這樣說，我非常感動。這位大哥完全沒把我當成外人，一輩子如此信任我。

■

佛光山打算在新加坡建造自己的寺廟時，我就開始參與募款活動，領受星雲大師傳授的智慧語錄。當時我剛還完龐大債務，只有微薄的貢獻能力，但我就是告訴許多客戶和朋友：佛光山要來新加坡了，希望大家多多捐助，讓佛光山在新加坡有個定點。

佛光山的許多大施主都是我的客戶，我也全程參與從動土到大殿初成的過程。因此，星雲大師來到新加坡弘法時，我三生有幸地擔任了兩場主持。

星雲大師主辦菩提眷屬婚禮時，我也邀請許多客戶和朋友一起參加，並且告訴他們，我跟先生會陪著他們一起走進會場，請大師再次見證我們對婚姻的承諾，讓我們結成菩提眷屬。

就這樣，我跟佛光山結下了不解之緣。慈濟到新加坡時，我也參加了許多活動，甚至參與了《父母恩重難報經》的演出。這些都是我與佛法結緣的開始，後來也牽成了我跟不丹法王的緣分。

王先生生前做了許多善事，也捐獻了許多善款，卻沒有成為任何宗教的信徒。因此，王先生離世前，我問他想不想皈依成為佛教徒，他點頭答應了，我立即請佛光山的妙穆法師趕到醫院病床邊幫他皈依。我跟法師都看到王先生臉上的笑容，他盡力跟著法師唸皈依文，成為真正的佛教徒。皈依後沒多久，王先生就往生了。

王先生往生後，妙穆法師二話不說就答應我，願意跟著我一起將王先生的大體送

回印尼加里曼丹的故鄉安葬，為他誦經超渡，因為當地沒有寺廟和師父。王先生的故鄉在印尼一座非常偏僻的小島上，必須搭機轉機再開車好幾個鐘頭才能抵達。

妙穆法師為王先生做了三天法事，在當地造成很大的轟動，也得到許多人的尊敬。當地居民大多是早期移民到此的華人後代，生活十分艱苦，幾十年來從未聽聞佛經，因此也非常好奇這位慈悲為懷的法師是從哪裡來的。從那時候起，當地華人開始接觸佛法，他們希望在艱困生活環境下依然保有華人傳統習俗，也盼望尋求宗教信仰的慰藉。

為王先生誦經後，妙穆法師對家屬開示的一席話，深深感動了在場所有人：「為往生親友誦經超渡的真正意義，就是撫平家屬對往生者不捨難斷的傷痛。」這句話也讓我深深體會到佛光山的徒弟多麼與眾不同！

十多年來，王先生陪著我一起成長，一起面對各種難關。從認識王先生到為他處理後事，這整段歷程讓我深深體會到，保險工作不僅是一份事業，也是發自內心的「誠信與關愛」。

鋼索上的人生

世事無常，天有不測風雲，人有旦夕禍福。

每個人都知道這個道理，但是「知道」不等於「做到」。事情還沒發生時，許多人都覺得自己是旁觀者，新聞中的事情與己無關；至於醫院裡的生老病死，碰到的時候再說吧！

然而，身在保險業的我不能眼睜睜看著悲劇發生，必須將每一位客戶當成自己關愛的家人。這不只是一門生意，也是利人、利己、利眾生的事業。

站在高處時，看到的盡是無邊無際的壯闊風景，卻往往忽略腳底下踩踏的是不是已經鬆動的石子。已經有太多次了，當我拜訪事業有成的老闆時，只要聊到保障規劃，得到的回應通常是：「我很有錢，不用擔心這件事，不需要保險啦！」

在他們眼中，世界已經完全掌握在手上，就像成吉思汗征服歐亞大地，意氣風發、睥睨一切。

剛認識一位張董的時候，張董的事業經營得有聲有色，人生志得意滿。為了表示慷慨，他跟我「捧場」了一張小小的保單。

服務客戶是我的本分，雖然只是小小的保單，我還是經常與張董保持聯絡，也跟他的家人維持良好關係。

好景不常，曾經志得意滿的張董和他的家族在事業上遭逢風暴，短短沒幾個月，生意竟然一敗塗地。但是他不服輸，決定轉戰中國，力拚東山再起。

入境中國工作必須申辦一些證件，也要進行X光檢查。當他做完檢查飛去中國後，醫生告訴他X光檢查結果有異狀，要他趕緊飛回新加坡再次檢查。他回來重新檢查一遍，離開醫院後立刻又飛往中國，才剛下飛機就接到緊急電話，醫生要他立刻回來，因為檢查結果是肺癌第四期。

這一瞬間，不論是打拚事業版圖，還是擘劃人生藍圖，都已經是次要了。張董飛回新加坡，花費了一年的時間跟病魔苦苦纏鬥，最終仍敵不過死神的召喚，留下傷心的妻小和龐大的債務，撒手人寰。而住院期間前前後後雖已支付了三十多萬坡幣醫藥費，後續仍積欠了六十多萬，家人完全無力支付。

那天，我出現在張董的告別式，他的家人都圍了過來。在這一行服務久了，我已經養成習慣：出席告別式這種場合，我會選擇最少人在場的時間抵達會場。那時候親友賓客大多還沒到場，比較方便跟家屬討論有關往生者的隱私事情。

通常在這種時候，只要我們保險承辦人員一出現，大家都會緊張地圍過來，毫無例外。這不是因為人性的貪婪，而是因為家中遭逢劫厄時特別需要錢，關心往生者的保險理賠實乃人之常情。

我看著他們，只能搖搖頭。張董生前只在我這邊捧場了小小保單，相較於遺留下來的債務，身故理賠金不過是杯水車薪。

至今我仍記得，當我告知家屬有多少理賠金時，張董的大兒子當場垂下頭說：「我念不成大學了，必須放棄學業去工作。」家人失落的表情令人鼻酸，而我也忍不住悲傷，心中帶著自責。

假如當時多一點堅持、多費點唇舌，無論如何都要說服張董做好足額的保障規劃，現在這個家庭就不會如此無助了。

我總是告訴我的業務團隊，銷售保單著眼的並不是業績衝得多高，而是那麼多客戶的生命能否得到足夠的保障。我們不是去推銷產品，而是去「還原人生之路的真相」。

什麼是人生之路的真相？通常我會拿出紙，畫一條線給客戶看。

打從出生開始，每個人就走在一條人生的鋼索上；成家立業之後，更是雙手頂著房子走在鋼索上，房子裡還有自己的家人與親人。假如你也是企業老闆，那雙手還要頂著公司，以及公司裡的員工。

這是個難以鬆懈的任務，鋼索上所有人都是你的責任，而你所愛的、想做的、所有的人生大計與夢想都在這條鋼索上。

那麼，鋼索下方又是什麼？保護你掉下來不會受傷的防護網嗎？

不是！鋼索下方不僅沒有防護網，還有四門大砲永遠對著你。這四門大砲分別是：意外事故、慢性疾病、重大病症，以及百年終老。

這一生中，終究會有一門大砲把你打下來，而且無法預測是哪一門先打過來。或許前一秒還在開香檳慶祝公司上市，下一秒重大病症這門大砲就開打了。

扛著越大的責任，這四門大砲帶來的損失就越難估算。你永遠無法避開這些大砲，唯一能做的，就是幫自己架設一張安全網。

這就是「人生之路的真相」。我的責任就是要告訴每一個人，在這些大砲尚未來襲之前，如何盡其所能加強這張安全網。

人與人的相聚是一種緣分，今天見面，日後不一定還能相見。有時我會語重心長地對朋友說，你我相遇的機會不知還有幾次？

我希望可以長長久久、經常見面，聽到你快樂健康的消息。但我們都是凡人，誰也無法跟上天對賭，必須把握每一次見面的機會與緣分。無論你會不會成為我的客戶，也希望你記住有個叫陳明利的人，曾經跟你分享人生之路與四門大砲的故事。

每當我知道有人加強了自己的安全網，就會感到十分安心，因為將來類似這位張董的人間悲劇就可以減少一些。

■

我們經常有機會認識新朋友，我總是希望彼此從來不會「相見恨晚」。

也許你會質疑，自己的保單在大多數時候是「沒用的」。當我聽到你說保單是沒用的，就會發自內心恭喜你，這表示你健健康康、無病無痛，也沒有遭逢任何意外事故。假如哪天有人告訴我，他的保險「有用了」，那就表示他發生狀況、面臨風險，我必須趕緊關心他到底出了什麼事。

踏入保險業三十六年，我看過太多原以為不可能卻真正發生的例子了。鋼索下的四門大砲何時開打？怎麼打？打到誰？根本毫無章法可循，也完全無法預測。有哪一場車禍是可以「預知」的？若是疾病，還會有些徵兆；至於意外事故，根本就是毫無道理從天而降了。

因此，每次拜訪客戶，我都會告訴他們，買了這張保單就是架設了安全網，最好的狀況就是「用不到」。不過，就算用不到，這些保費也不會白花，您就當是添香油錢保平安。

換個角度想，我們也可以將保費想像成慈善捐款，畢竟這筆錢不是虛擲出去的。保險是個非常龐大的互助機制，繳出去的保費保證有人用得上。

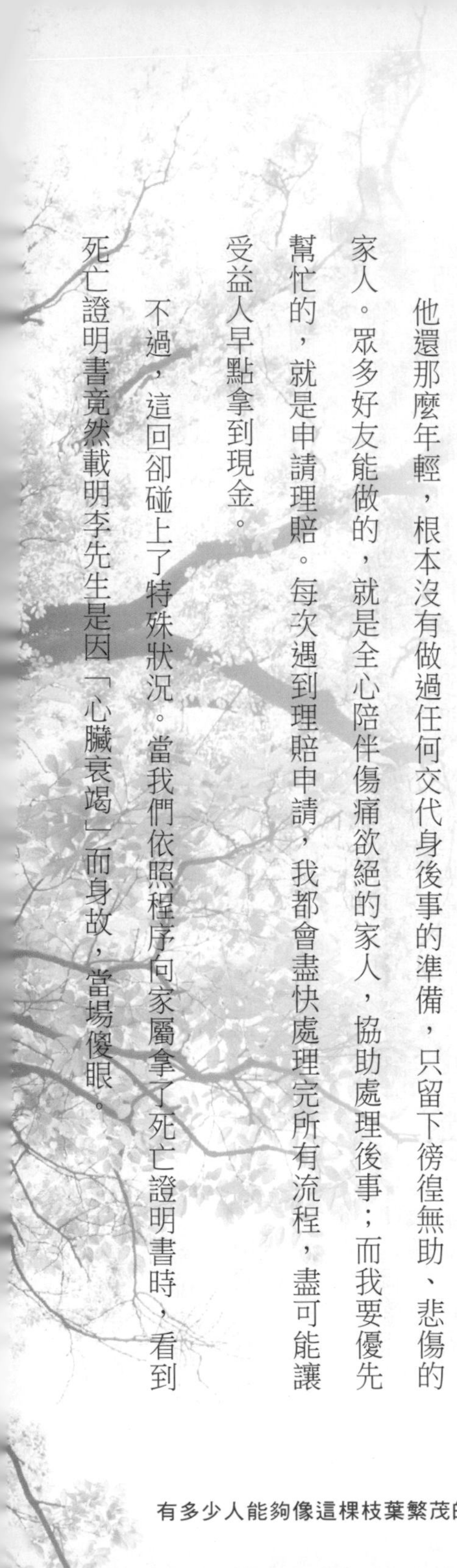

李先生是我的客戶，才四十多歲，正是中壯年打拚事業的黃金年齡。他的人生樂觀進取，積極拓展事業版圖之時，也不忘保持良好運動習慣。當初幫他「還原人生的真相」時，一開始他也是一副「這件事不太可能」的表情。當時他的事業正旺、年輕力壯，有什麼好擔心的呢？雖然後來勉為其難聽從我們的建議投保，卻只投保了意外險。

投保後大約半年，某天李先生跟朋友相約打網球。在球場上，對方一個回擊，他想衝上前救球，卻因衝太快被地面絆倒，狠狠摔了一跤，下巴著地，脊骨斷裂。緊急送醫後，昏迷了一個星期，回天乏術，不幸往生。

他還那麼年輕，根本沒有做過任何交代身後事的準備，只留下徬徨無助、悲傷的家人。眾多好友能做的，就是全心陪伴傷痛欲絕的家人，協助處理後事；而我要優先幫忙的，就是申請理賠。每次遇到理賠申請，我都會盡快處理完所有流程，盡可能讓受益人早點拿到現金。

不過，這回卻碰上了特殊狀況。當我們依照程序向家屬拿了死亡證明書時，看到死亡證明書竟然載明李先生是因「心臟衰竭」而身故，當場傻眼。

有多少人能夠像這棵枝葉繁茂的大樹一樣，百年終老？

保險是面對人生四門大砲的安全網，但是，對於這四門大砲，每一張安全網卻有不同的規範。就意外險而言，心臟衰竭是屬於病症，不列入承保範圍；倘若依照那張死亡證明書所載明提出申請，李先生的家人將得不到任何理賠。

讓受益人得到應有的理賠是我們的本分，我們必須深入了解李先生身故的真正原因，以免損害其家人應有的權益，於是去找醫生討論，想要釐清真正的死因。心臟衰竭只是李先生最終離世的「結果」，然而，究竟是心臟病發作導致李先生跌倒，還是跌倒後受傷引發心臟衰竭，這關係到是意外還是重病，也關係著能不能理賠。

後來聽取當時打球友人的描述，模擬事發經過，清楚確認李先生是在追球過程中跌倒，而非心臟病發突然跌倒。根據這項事實，我們寫了一份詳細的報告向理賠部門提出申請。

皇天不負苦心人，李先生的家人最後得到應有的理賠，這些理賠金多少也安撫了他們徬徨無助的心情。

每一位客戶都是我一輩子的朋友，當他們不幸離世時，我都充滿了感傷與不捨。

李先生溘然長逝，讓我感觸良多，忍不住化為感言，想傳一段簡訊給他：

李先生，這是一則您永遠看不見的訊息。

公司已經批准了您的意外保險理賠金，請放心。雖然當初您告訴我，您是看在我的面子買了我們向您推薦的意外險；雖然您打算等到購置工廠大廈、公司上市的時候，就要向我們買一張大保單給太太和兩個孩子；雖然當時我告訴您，就因為事業正要鴻圖大展，您的責任更大，更需要先做好保障。可惜，您就出意外了！

令人安慰的是，我終於不負所託，幫您申請到意外險的理賠金，兩個年幼孩子的教育、太太的生活費用，以及您辛苦經營的公司，應該都能繼續下去。您讓我再次以從事保險志業為榮，感恩今生有緣相遇！

我經常對客戶說，保險不僅帶給家人安心，其實也帶給你本人安心。為什麼？投保時通常必須進行體檢，身體有任何問題都會被檢查出來。能夠獲得保險公司同意並簽訂保險契約，代表目前的身體健康是合格的。

其實，**這世上沒有任何機構比保險公司更挑剔健康問題了**。上醫院看診時，如果醫生說沒什麼大問題，就表示有一些小問題。醫生會安慰我們這只是小問題，因為他們每天看多了各種病症，真的覺得某些病症「沒什麼」，說法通常較為樂觀。不過，醫生看的是現在，保險公司卻要看到二十年後的未來。

保險不僅帶給家人安心，其實也帶給你本人安心。

因此，每次承接保單業務時，我們都會要求投保人仔細看清保單上的條文與問題，因為那密密麻麻的白紙黑字不只是硬梆梆的權利與義務，也是一種健康提醒。畢竟，你要交付的不只是商品買賣，也是一生的託付。

看多了人世間的悲歡離合，我也經常語重心長提醒客戶，不要以為此刻神清氣爽就表示什麼問題都沒有，該做的檢查還是必須定期進行。你的健康不僅關係著自己，也深深牽絆心愛的家人。

有些人不喜歡保險業務員，覺得保險業務員不僅愛推銷，也像個烏鴉嘴喜歡帶來「壞消息」。華人社會總是報喜不報憂，有時更是喜歡粉飾太平，但我情願當那個「提醒」的壞人。

健康殺手經常是隱形的，就像攻擊網路的都是我們看不到的駭客；越是看不到，越是要小心防範。說我雞婆多事也好，說我杞人憂天也好，因為我真心關心你，希望你一切安好。

如果沒有明天

一九九〇年九月，知名歌手薛岳在台北的國父紀念館舉辦演唱會，燃燒最後的「生命熱情」來演唱〈如果還有明天〉，因為癌末的他已經來到生命的盡頭。演唱會過後兩個月，薛岳就與世長辭了。

那首歌激勵了很多人，提醒人們要珍惜每一天。

但我們真的珍惜每一天嗎？除了關心事業、財富和夢想，是否還有更重要的事情需要關心呢？這是我每天都要叮嚀朋友的。

經常在忙碌的當下，可能只記得眼前的目標，卻忘了一些非常根本又重要的事情。就像有人要搭機出國，行李箱塞滿了必備的衣物、藥品和日用品，到了機場才發現沒把最重要的護照帶出門。或者像業務人員要拜訪客戶，簡報都已經準備完整，銷售樣品也帶了，出門後才發現忘記攜帶客戶的聯繫資料，只好折回辦公室。

我認識許多事業有成的大企業家，他們的生活重心已經不在如何賺錢了，而是投入很多時間在公益活動。這樣很好，但我也不忘提醒他們，幫助別人的同時，別忘了必須先幫助自己。

有個好友是我的客戶，每每提起自己的老公，就覺得這個老公實在很優秀，不僅認真經營事業，也很愛家顧家。可是不知道為什麼，只要一聽到「保險」，她老公就特別反感。我猜他可能被強迫推銷過，因而將「保險」和「被強迫推銷的不愉快」連結起來，總認為保險業務員就是喜歡強迫別人買保險，所以極為反感。

不過，禁不起親愛的老婆一再推薦，這位先生還是抱著「看看妳要講什麼」的心態答應跟我碰面。

果然，談話一開始，他就沒什麼意願聽我說話，只顧著講自己的輝煌創業歷史。後來話鋒一轉，提到慈善工作是他一生的志業，希望能在努力拓展事業之餘，回到故鄉中國參與地方建設。

我衷心感佩他有心投入公益，同時也分享自己投入的慈善工作。聊著聊著，我回想起以前跟我先生的一次談話。

有一天，我們夫妻倆在家中看電視，看到一位印度企業家發願投入慈善工作，居然舉辦記者會宣布捐出所有財產，日後擔任終身志工。當下我非常感動，眼眶都紅了，這世上竟然有這麼偉大的人！

只見先生坐在一旁不以為然地搖搖頭。怎麼回事？

難道他不認同人家做善事的舉動嗎？我感到納悶不解。

先生向我解釋了他的想法：「這位大企業家能力很強，他的事業大大提升了在地經濟，直接間接養活了許多人。每個人都有專長，他的專長就是經營事業。願意做善事很好，但是把財產全部捐出去，自己當個志工，這就擺錯位置了。」

我仔細想想，這樣說也對。這位企業家經營事業的時候，可以照顧到很多人，成千上萬個家庭的生計都跟他有關。放棄了自己的事業，萬一接棒者的能力沒那麼強，公司經營不善，不就等於害了那些家庭嗎？

至於公益事業，不論再怎麼有愛心，畢竟當志工不一定是他的專長。假如這個社會少了一位優良企業家，只為了多一個志工，這樣對整個社會划算嗎？

說到這兒，我那位好友的先生似乎也若有所悟。

的確，他一心想投入公益志業，也有能力兼顧事業與志業，但這兩件事的核心關鍵都是他這個人。他必須先照顧好自己，做好完整的理財規劃，確保沒有後顧之憂，才能更加心無旁騖做好公益志業。

當天談話過後，他非常認同應該先做好保障規劃，後來果然依老婆所願，順利架好自己的安全網。

■

我經常跟朋友分享，每個人的一生都有他應該走的路。有人當老師作育英才，桃李滿天下，這樣很好；有人當油漆工帶給無數家庭美麗色彩，這樣也很好。只要不忘初衷，盡心盡力付出，貢獻一己之力給社會，那都很好。

然而，不論是走向哪一條路，最終還是要走到「離開」的那條路。就像我們去一個地方旅行，再怎麼流連忘返，再怎麼依依不捨，登機時間到了，還是必須搭機離開。

我不知道飛機會飛去哪裡，但是可以確定，登上這架飛機的當下，任何隨身物品都不能帶上去。「萬般帶不走，惟有業隨身。」假如你身上有一張登機證，可以換些東西留給飛機外那些深愛的人，你要換什麼呢？

有人充滿大愛，願意離開後捐出大體，這樣真的很偉大。大體老師可以幫助醫學院學生更精進專業，日後成為懸壺濟世的醫生。

除了展現大愛、捐贈大體，這張最後的登機證還能留給家人更實用的東西嗎？可以的，你可以留給深愛的家人一筆錢，讓他們繼續好好過生活。

我深深相信，每個人都會創造出各種價值。做為臨別贈禮，也為了讓這一生有始有終，保險絕對是必要的一環。

這一生中，你可能搭過無數次飛機，抵達了許多不同的國家。只有這一次，確定一去不復返，這張最後的登機證格外重要。

不過，嚴格說來，想要擁有這張登機證也不是容易的事。

首先，你必須夠健康才有資格取得。曾經有許多次我準備幫客戶架設安全網，無奈後來健康檢查沒通過，客戶喪失了取得那張最後登機證的資格，那時我就會感嘆「相見恨晚」，無法在客戶身體健康時認識他。如今鋼索下的四門大砲已經比我還快找上他，想要架設安全網已經太晚了。

其次，你也必須在財務上符合標準。保險就是一種理財規劃，如果財務審核沒過，那也無法擁有相對所需的保額。

健康和財務都過關了，還必須具備正確的觀念。幫朋友捧個場，買個意思意思，沒有搭配合宜的規劃，都是不及格的保單。雖然不論金額大小的保單都具備了保障功能，但是不及格的保單一定會讓安全網出現許多缺口，這張人生最後的登機證會留下許多遺憾。

我經常告訴客戶，身在保險業超過三十年，看多了世事無常，不會一味樂觀地祝福大家長命百歲。我要強調的是，我們不一定要活到很老，但是要活得健康。保險就是一種督導，監督你必須先保持健康，才有資格擁有保單。你不一定要活得出色，但至少要活得安心。

保險可以帶給你安心，這是每個人都要準備好的最後一張登機證。你可以勤做公益，也可以深愛家人，但是絕不能忘記，唯有備妥那張最後的登機證，愛與責任才算到位。

■

許多人以為，手上擁有滿滿的金錢或資產就是「愛與責任」的擔保，有錢人更是容易如此認為。其實，這些「滿滿的金錢或資產」都只是「現在式」，不代表是「未來式」。

滄海桑田、世事無常，就連千畝良田都有可能因不測風雲、豪雨成災而毀於一旦，我們又如何保證現在的財富可以陪伴到終老呢？

有一回，團隊中一個年輕夥伴告訴我，一位事業有成的老闆非常排斥保險，怎麼談都談不定，希望我出面幫忙。於是，在這個夥伴的安排下，我親自去拜會那位曾老闆。

曾老闆一看到我，儘管禮貌上十分周到，言談間卻絲毫不客氣，直接就對我說：「陳經理啊，還勞煩您跑一趟，真不好意思；但我也必須開門見山地說，我完全沒興趣買保險。」

我回應他一個微笑，對他說：「曾老闆，老實說，我在保險業那麼多年，從沒聽過有人天生對保險『有興趣』；不過，許多人到了某個階段就會開始對保險有興趣了。」

曾老闆十分好奇，他認為只有窮人才需要保險，有錢人根本不會對保險產生興趣。我接著說：「當一個人被醫生檢查出身體健康有狀況時，眼前即將有龐大的醫療費等著他，就會馬上對保險『有興趣』，可惜那時已經來不及了。」

是的，有需要的時候，人們就會對保險產生興趣；不過，曾老闆還是不覺得自己有這樣的「需要」，因為他的財力十分雄厚。他帶著幾分驕傲對我說：「您知道嗎？

我名下有十六棟房子呢！就算有一天退休不工作了，光靠收房租就一輩子不愁吃穿了。」

我誠心誠意恭喜他理財有成，是個房地產大亨，卻也問了他一聲：「請問曾老闆，這麼多房子都已經現金付清了嗎？」

曾老闆說當然不可能，他是個理財高手，既然房子的貸款利率較低，當然要充分利用貸款，把資金投入其他領域，賺取更高的報酬。

「那麼，」我微微搖著頭說：「曾老闆，其實您並未擁有十六棟房子，剛好相反，您擁有的是十六棟負債。」我請曾老闆算一算這些房子每個月需要負擔多少貸款，雖然他說自己有足夠的現金支付房貸，但只要還欠著債務，就是一種風險。

「如果哪天發生天然災害損壞了房子，該怎麼辦？如果哪天房地產下跌影響了房屋市值，該怎麼辦？就算這一切都不會發生，有一件事卻一定會發生：如果哪天鋼索下的四門大砲找上您，可能是疾病，可能是意外，您確定您的家人知道如何處置這十六棟房子嗎？」

一旦遇到風險，當下需要的就是現金。房屋代表的雖是資產，但是這樣的資產需要多久才能換得現金呢？或許你以為留給家人的是愛與責任，然而，到時候會不會反而變成龐大的負擔呢？

聽完我的分析，曾老闆終於願意正視這個問題，同意進行保障規劃。後來我帶著團隊夥伴持續跟他見了幾次面，精心打造出符合他「擁有十六棟房屋資產」的強大安全網，讓他可以沒有後顧之憂地走在人生的鋼索上。

假如確定已經沒有明天，你想要留下什麼東西給深愛的家人呢？

留愛，不留債……

滄海可枯，堅石可爛

從事保險業這麼多年，我看過許多感人的故事。許多時候，人們或許以為買張保單是給我一筆生意，但最後就會發現，真正受惠的對象絕對是自己和家人。

客戶都知道我不是為了業績才來介紹產品，他們都跟我建立起一輩子的友誼，甚至還把我當成最值得信任的自己人，讓我參與他們的生活。

我認識一對陳姓夫婦超過十年了，跟夫妻兩人都很熟。他們真是一對歡喜冤家，雖然經常鬥嘴，卻還是甜甜蜜蜜，平凡的日子帶著一點小小的幸福。他們之間最大的問題，就是先生不停地打拼事業，總是在一次又一次的忙碌中錯過結婚紀念日和妻子生日，沒空慶祝這些重要日子，讓妻子為之氣結。

有一回跟小陳見面，他說他真的很愛這個家，願意為它付出一切。聽到這句話，我就語重心長地對他說：「小陳啊！你知道嗎？『愛』這個字用嘴巴說實在太容易了，人人都可以動不動就說『愛』。可是，其實愛是很神聖的，如果只會用嘴巴說，卻不能真正做到，那又有什麼意義呢？」

小陳聽得出我的意思，知道我說他太忙了，無法常常陪伴老婆。但是他無奈地表示，他就是要衝刺事業，才能讓整個家更幸福。

我告訴他：「小陳，我相信全家人都看得到你的付出，也相信老婆一定感受得到你的愛；但我們也不得不承認，人生有真情浪漫的一面，也有現實無情的一面。我從事保險工作多年，實在看過太多『天有不測風雲，人有旦夕禍福』了。你說要照顧家庭，但如果問題不是出在你身上、而是出在老天爺呢？只要老天爺出個狀況給你，不論是健康上或事業上的，甚至是生命上的，那時就算想要照顧家人，恐怕也照顧不了。」

我真誠地對他說，除了付出真心，在現實層面上，一定要有一張保單給妻子安心，這才是最好的愛。「執子之手，與子偕老。」這是我們常說的話。然而，假如非常不幸，上天就是不讓你們永浴愛河、白首偕老，該怎麼辦呢？

一張保單代表著一份責任，代表一輩子的愛。用白紙黑字寫下承諾，就算哪一天不幸遭逢變故，家人雖然會傷心難過，卻也不必擔心經濟問題，因為你用保單保障了家人，讓他們無後顧之憂。

恰好那時候小陳妻子的生日快到了，但偏偏就是那一天，小陳必須出差到中國。這怎麼辦呢？小陳向我求救，我要他不必擔心，這件事交給我。

就在妻子生日那天，事先我沒透露任何訊息，只說小陳有一份文件要送到家裡。然後我按了門鈴，門一打開，她就看到我手上拿著一束用小陳名義訂購的美麗花朵，同時附上一份包裝精美、內容詳實的保險計劃書，這是小陳剛買下以妻子為受益人的一張保單。

妻子看了熱淚盈眶，她感動地說，小陳非常勤勞上進，實在是個好老公，就是兩人的相聚時間少了點，而且從沒送花給她。這次驚喜是她最感動的生日，當下她立刻打國際電話給小陳，邊哭邊說著「我愛你」。

愛一個人有很多種方式，不一定要搞得轟轟烈烈；

有時候，只是一份小小的禮物，就能讓對方感動萬分。

曾經見過不少令人稱羨的情侶，男方舉辦浪漫的宴會，接著安排一場驚喜，當眾向女方下跪求婚，羨煞眾人，但是沒過幾年離婚官司就鬧得相當難看。反倒是一路走來平平淡淡的小夫妻，不浮誇、不鋪張，更能走到白頭偕老。

假如買了九千九百九十九朵玫瑰花就能代表真愛，那麼，每個願意花錢也花得起錢的大爺都可以擁有很多真愛了。

然而，真正的愛是需要負責的，你願意負責一個人的一生嗎？有了責任就是「債」，願意一輩子照顧那個人嗎？願意對自己的父母負責，照養他們的後半生嗎？願意守護自己的子女，直到他們長大成人嗎？

這一切，都不是光靠九千九百九十九朵玫瑰花就能輕易許下承諾的。

愛的呈現方式有很多種，保單呈現的恰好是其中一種。也只有對真正心愛的人，你才會放心不下，希望自己被迫無奈離開時也能照顧到愛人，不是嗎？

保險的愛，就是一顆完整的心。

■

人生在世，很容易對金錢產生貪婪之心；這些年，我看到許多金錢造成的悲劇。

一對爭吵多年的夫婦已經吵到水火不容，當年既然會結婚，就一定是彼此相愛，但多年後竟然變成水火不容的怨偶，真是令人傷感。

兩人已經鬧到要離婚的地步了。做丈夫的知道，一旦離婚官司判定，免不了要付出一大筆贍養費。他在外頭早已有了小三，很早就對妻子無情無義了，於是心頭一狠，決定不留一分一毫的財產給妻子。因此，他在離婚前就分好幾個階段陸續脫產，包括不動產和有價證券等等，然後在離婚時裝窮，說自己早已身無分文。

這位先生只是想藉由五鬼搬運轉移自己的資產，但可能因持有人心術不正，這些資產接二連三碰到各種狀況，包括金融風暴、詐騙風波等等，原本還算可觀的資產居然在離婚後短短的時間內全部賠光。這下子真正落實了他對法官說的，自己早已「身無分文」，真是善惡有報啊！

當初若捨得留一些資產給前妻，至少還留點名聲；如今既是淪於破產又落得罵名，美好姻緣走到如此淒涼的收場，這是何苦呢？

這樣的例子不是個案，我看過太多怨偶心存不正，想方設法推卸責任，相愛時的濃情密意都不見了，只剩下自私自利。他們最終都沒有好下場，假破產變成真破產，有了錢卻引來災禍，警世鬧劇比比皆是。

貪婪雖然不好，該爭取的卻還是要爭取。有時候，女方為了賭一口氣，發下豪語絕不拿前夫的贍養費，後來卻發現一個人生計難過，再回頭已後悔莫及。夫妻相愛時，財產是共有的甜蜜資產；一旦愛已離去，財產就變成沒有感情的冰冷數字。

我總是覺得，相較於房地產、股票或珠寶，**保單才是最有溫度的資產**。保單不是白花花的銀子，不會讓人眼紅，它是當初的一紙承諾。而且，唯獨在有需要的時候，才能看到保單的重要性。

深愛你的另一半不幸離世時，至少還能透過保險照顧你的下半生；父母無力照顧孩子時，至少還能透過保險陪伴著孩子繼續升學、闖蕩人生。

即使愛已變質、情已不在，只要保單仍在，承諾就依然存在。雖然愛已不在，至少仍為孩子守住應有的權利，就算分開也無怨無悔。

華人社會的忌諱較多，不少人談起保險就覺得觸霉頭。別人說要送你保險，說感謝好像怪怪的，不說謝謝又似乎不對。畢竟，保險是出事才會理賠，別人送你保險，到底是希望你平平安安還是厄運當頭呢？

然而，若是夫妻一場，就不該有這樣的忌諱。愛是永恆的，卻也伴隨著現實。我們都希望相守一生、健康永遠，現實卻是有愛情沒錢無法過日子，任何人都一樣。

我常對女性朋友說，假如先生送妳一張保單，妳就收下吧！當然，妳一定會說：「不要，我希望你健健康康一輩子。」相信先生聽到這句話絕對心滿意足，但還是收下保單吧！

人生是一條漫長道路，兩人相處的變數真的很多。

風雨飄搖中，患難見真情，讓我們留愛不留債吧！

■

愛情是世上最難解的事情，沒有另一半孤單寂寞，有了另一半卻又經常為情神傷。

有時候，兩人明明相愛，卻因為價值觀不同，見面就是吵架，相隔兩地卻又彼此思念，他們到底是相聚好還是分離好呢？

有時候，愛一個人愛到極致，卻又同時恨他恨得牙癢癢的，又愛又恨到底是怎樣的心境？這個人為何生來當我的剋星，難道是上輩子的孽緣嗎？

有人說，人生在世，就是要尋找另一半，否則就會有所缺憾。另一半非常重要，少了另一半會是什麼樣的人生呢？

有一對夫婦也是整天吵吵鬧鬧，每次跟那位太太聊天，她都不免透露離婚念頭。然而，說歸說，想歸想，真要離婚卻又放不下。我只能苦勸她，婚姻哪能十全十美？家家有本難唸的經，每一對夫妻都有不為外人所知的酸甜苦辣。

這對夫婦從台灣移居到新加坡，先生事業有成，生活不虞匱乏。但是他小時候實在太窮了，一朝被蛇咬，十年怕草繩，真的窮到怕了，所以非常節省，甚至可說吝嗇了。先生這麼小氣，讓太太覺得很辛苦，明明不是沒錢，卻捨不得多給太太一些錢，好說歹說都沒用。

這位先生只願意購置便宜的小車給太太使用，有一次我看了實在覺得很不安，就建議他幫太太換一輛更安全的大車。我告訴他，車子是來保護人的，保護你最心愛的人，老婆小孩都在車上，難道不需要更堅固的鋼板嗎？萬一出了事，後悔也來不及了，不是嗎？賺那麼多錢，千萬不要忘了生命中最重要的東西是什麼？

其實這位先生非常疼愛家人，一聽到我這樣說，第二天就立刻帶太太添購一輛賓士車。後來這位太太非常感謝我，日後每次換購新車就會想起我，因為我的一句話，讓她先生從此捨得花錢買好車。

多年來，這位太太一直覺得先生只愛孩子不愛她，因為太太想要的，先生都捨不得給；孩子想要的，先生卻大方得很。她覺得很不甘心，覺得先生太欺負人了，才會經常吵吵鬧鬧，甚至動了離婚的念頭。

我媽媽說過：「一個男人在一個晚上就可以讓十個女人懷孕，一個女人卻是一年才能生一個孩子。如果男人不愛這個女人，就不會愛這個女人的孩子。」我告訴這位太太，先生一定是覺得自己生活節省，太太也應該跟他過一樣的日子；但是，他對待孩子的標準不一樣，認為應該給孩子更好的生活。所以，「妳要相信他是愛妳的」。

後來，這位先生遭逢劫厄，被醫生診斷出嚴重肝硬化，不進行肝臟移植手術絕對活不成。那段日子，我陪著他太太一條路、一條路地走，邊走邊哭，邊哭邊走。深夜十二點了，我們經過一家又一家的咖啡館，就是為了找一個可以讓她在我懷裡痛哭的地方。

她的心中實在悲苦。先生是她的愛與愁，現在需要肝臟移植，放眼世上有誰可以當你的捐肝人？到最後還不就是她這個枕邊人？

儘管捐肝手術有一定程度的風險，儘管他們經常吵架，最終她還是點頭簽下同意書，和先生一起被送入手術房。送進手術房之前，她的身邊雖然有諸多親友，卻只願意讓我陪在身邊。她告訴我：「明利姊，這一進去就生死未卜，我希望進入手術房之前看到的是妳。」

就這樣，夫妻倆一起被推入手術房，經歷了恍如沒有盡頭的漫長等待，醫生宣告手術成功，兩人分別被送入加護病房，他們的病房中間只是隔著一道玻璃牆。

我先去探望先生，只見先生流著眼淚告訴我：「明利姊，請妳幫我轉告她，如果有下輩子，我一定還要娶她。」

然後我移身到隔壁，告訴她這個「好消息」：「妳先生說下輩子還要娶妳呢！」沒想到她猛力搖著頭說：「不了，不了，一輩子就夠了，下輩子請他不要再來找我。」

看著這對夫妻，我也只能笑著搖搖頭。願意以生命相許，卻又吵吵鬧鬧，或許這是上天給他們的功課吧！

人生最後的堡壘

保險是助人的事業，也是讓我願意終身服務且無怨無悔的志業。透過保險，可以為每個人建構生命的安全網，保障自己和家人。

至於保險所展現的理財模式，也是其他理財工具無法比擬的。做為理財的其中一種工具，保險跟整個金融體系息息相關。事實上，保險、基金、股票、定存和期貨等等，都可以是整體理財規劃的一環；不過，若是以長遠規劃為考量，保險不僅是自身理財的關鍵，也關係到下一代甚至下下一代。

每個人都必須理財，理財觀念不因財富多寡而有所差別。我個人覺得，基本的保險理財觀念就是：**創造財富、分配財富與傳承財富。**

在商場上，許多企業家不論遇到什麼大風大浪，絲毫都不感到畏懼；可是，一想到財產繼承與分配，就讓他們十分頭痛。姑且不論接班人問題，光是如何公平分配自家財產，往往就是難解的習題。

這類案例頻頻在新聞中出現：後代子孫為了龐大遺產，不惜對簿公堂；好好的大富家族因爭奪遺產而分崩離析，既傷和氣又損形象。然而，即使有這麼多遺憾的案例，類似的爭產風波還是層出不窮地上演。

因此，我都會告訴客戶，**「保險」絕對是傳承財富的最佳工具。**

一位總裁從小工廠白手起家，如今具備傲人的企業規模，現在年紀大了，開始煩惱三個孩子的傳承問題：家中包含事業及房地產等等的財產，難道只能平分成三份嗎？事業切成三份就不完整了，等於提早宣告企業分崩離析，這樣好嗎？

老大出生時，是總裁剛開始創業且經濟較困頓的時候，他參與了家族的創業歷程，小時候吃過苦。老二和老三則是在企業逐步壯大、家境已改善的時候出生，尤其是老三，算是含著金湯匙長大，出生後又備受寵愛，雖不至於是敗家子，卻也不脫嬌生慣養的習性。

大兒子從小一起苦過來，大學還沒畢業就開始在自家企業幫忙，若是將財產分成三等份，總裁覺得對大兒子不公平；但若是不平分，其他兩人也會抗議。

透過訪談，我瞭解了總裁的財務狀況，以及三個孩子的個性，然後提出專業的解決方案。

總裁的資產主要有兩個區塊：事業與房地產。大兒子從小就參與事業，也嫻熟經營管理，若是將事業全部移交給他，他一定會用心經營總裁辛苦創立的企業。

二兒子個性較溫和，不適合在商場上折衝應對、衝鋒陷陣，但是要守成應該沒問題。因此，若是把房地產移交給他，他肯定會守住家業，這個方案遠比賣掉房地產拆成三份來得好。

至於小兒子呢？從小驕縱愛玩，又喜歡開名車跑夜店，經常讓總裁嘆息搖頭，卻又不能不分財產給他，最好的方法就是透過保險。

總裁可以對三個孩子說：「我處事公正，絕對沒有任何不公平！我分別給你們價值三千萬的資產，只是形式不同。老大掌理事業，老二掌理家產，老三擁有的就是『我的人生最後一張登機證』。不必擔心，日後我身故，保險受益人就是你，也是價值三千萬。」三個孩子聽了，心服口服沒話說。

在不特別預設條件的情況之下，被保險標的若是發生狀況，就依照合約給付保險金；然而，保險做為智慧理財的關鍵，就是可以「預設條件」。

以總裁分配遺產的例子來說，他讓小兒子當保險受益人，離苦得樂之後，小兒子可以領到三千萬，但是這三千萬絕不能一次領光，必須透過遺囑或信託來處理。

聰明的總裁早就想到這個小兒子不會守財，手上有多少錢都立刻花光光，就像丟到水裡。所以，這三千萬不能一股腦全部給他，而是要有條件地給付。

總裁在保單上設定的條件是，透過信託管理，小兒子每個月只能領取固定的額度。假如他花光每個月固定的這筆錢，那是他自己的事，反正花光了就沒有了，必須撐到下個月才有下一筆錢。而且，依照保單的設計，小兒子可以在人生各個階段領到不同的額度。假如他願意存下來，將來變得更成熟穩重，不再那麼不懂事，就可以透過有效的理財將每個月這筆錢變成更大的財富，一切就看他能不能自我成長。

透過這樣的安排，總裁終於放下心中的大石頭了。

此外，我也從經手過的保單中看到許多保險從業人員展現的智慧。有一位客戶在遺囑上註明，除了支付生活費用，其餘大部分保險金要等到女兒六十歲才能領取，而且還註明必須處於婚姻狀態才有效。這樣的安排是要避免有人單純覬覦女兒的財產，用欺騙感情的方式跟女兒結婚，再透過離婚分得一半財富。當然，假如女兒到了六十歲還無法判斷是非，留下遺產給她也是枉然，不如捐給慈善機構。

我還看過一份信託，規定兒子不准做生意，因為老爸看出這個兒子不是做生意的料，最後只會落得血本無歸。我也見證過某些遺囑規定受益人不准賭博，或是離婚後配偶不得領取。透過各種規範，確實可以在生前創造、安排並傳承財富，避免下一代任意揮霍。

從事保險工作多年，看過許多千奇百怪的事情。有智慧的成功人士都懂得讓「創造財富」、「分配財富」和「傳承財富」三管齊下，否則，不論生前事業經營得再卓越，身後卻因家庭紛爭或遭遇金融危機而導致家道中落，那就是無法彌補的遺憾了。

很多人認為談金錢太現實，特別是有關保險的事，某些人就認為是一種忌諱，總覺得談保險就是觸霉頭。但我總是對客戶說，趁你還能掌控的時候，務必規劃全局，這種事不能拖拖拉拉。我真的看過有人前一天還生龍活虎，第二天卻在慶祝會場舞台上突然倒地。每個人都以為未來操之在我，其實最終的主導權還是在不可知的上天。

在你面前，子女還不敢吵；一旦你不在了，吵起架來可就一發不可收拾。任何幸福美滿的家庭，都有可能在龐大的財富面前露出醜陋的原形。

做個明智的理財規劃者，可以讓你的影響力持續到百年之後。屆時就算已經不在世上，還是可以聽到後人說你真的很聰明，懂得透過保單規劃來保住長長久久的家業。

趁著還有影響力的時候，趕快做決策吧！

只要談到如何花錢，就是價值觀的問題。有人買起名牌皮草毫不手軟，就算刷爆信用卡也停不下來；若要他捐錢助人，每一毛錢都像是要他的命。也有人為了收藏老唱片豪擲千金，但是吃飯買菜時，連十元、二十元都要斤斤計較。

保險其實就是觀念問題：有人把保險當成「購買產品」，覺得應該討價還價；有人把保險當成「投資」，非常計較報酬率。其實這兩者都不對，我曾經向客戶清楚解釋了保單理賠項目，客戶的回應卻經常還是：「解約金何時會高於已繳保費？」

每次聽到這樣的回應，我都會心平氣和地說，若是用這種角度看待保險，最好不要投保；想要投資賺錢，還是透過基金或其他理財工具較為適合。

許多人對保險有著錯誤觀念，他們都認為，既然保險是一種理財工具，就一定會增值，但是這並非保險的本意。**保險的本意是「保障風險」**，風險發生時，保險就能給予被保險人一定的保障。一旦投保，就不要想著「今天存，明天領」，或是很快就解約，那絕對不是購買保險應有的觀念。

有位客戶抱怨自己的太太很奢侈，一雙鞋子八百坡幣也買得下去。我反問客戶：「假如都是八百元，你希望是太太花掉這筆錢，還是媳婦花掉？」

「當然是自己的太太花掉啊！」客戶說。

這就對了，太太悉心打扮，人家會讚美先生疼愛老婆；若是媳婦拿家裡的錢裝扮自己，別人會說他有錢不花，全都留給兒子孝敬媳婦了。

我問他，假如手頭有一百萬，自己留下三十萬花用，其餘七十萬都留給兒子，這樣好不好？

他想了想覺得不好，這樣太吃虧了，自己省吃儉用卻沒得享樂。

我再問他，如果反過來，自己花掉七十萬，留下三十萬給兒子，這樣好不好？這回他說，給兒子太少了，內心過意不去。

錢財終究是要花掉的。手上有多少錢花多少錢，永遠處於缺錢狀態是錯誤的理財方式；賺了一堆錢卻只會鎖在金庫裡，直到老死都不曾花用，人生更是白活了。而且後者比前者還糟糕：前者成為窮光蛋之前，至少還曾經享受過；後者一生就只是個守財奴，從沒享受過自己辛苦工作的果實。

想要有智慧地花錢，最好的方式還是透過保險。

我告訴這位客戶：「這樣吧！你照樣留下七十萬給自己好好花用，一點也不需愧疚。剩下的三十萬呢？先不要給兒子，就交給我，我保證讓這三十萬變成一百萬！」

「從結果來看，你擁有足夠花用的七十萬；哪一天百年了，兒子可以拿到一百萬，他會終身感謝父母。」

這樣的規劃應該很棒吧！透過保險就可以做出這樣的規劃。換個思維就會發現，保險真是一種非常棒的理財選擇。

■

我的客戶無意間在醫院聽到一家人的對話，那位父親非常感嘆，之前因為他的爸爸生病，搞得全家雞飛狗跳，治療費用和看護費用幾乎耗盡一家人的積蓄，也犧牲了生活品質。很不幸地，現在換太太這邊的家人出狀況了，岳父被檢查出罹患重症，必須住院觀察。

兩個看來還是小學生的孩子天真地詢問父母：「外公有沒有買保險呢？」

聽到父母說沒有，這兩個孩子直搖頭說：「你們慘了！」

後來，小姊姊似乎突然想到了什麼大事，睜大眼睛問爸爸媽媽：「那你們有沒有買保險？」

得到父母肯定的答案後，小姊姊牽著弟弟的手說：

「好險好險，我們不會慘了。」

雖是童言童語，兩個孩子說的倒也是事實。早年保險觀念還不普及，很多人完全沒買保險；現在則是大多數人都有保險觀念了，甚至現代科技還可以讓人自己上網購買保單。然而，不論科技再怎麼進步，面對面的溝通才是最重要的。唯有透過專業人士的說明，才能接觸到更正確的保險觀念，規劃出最適合自己的保單。

做好保險規劃之後，就算出了狀況，不僅不會拖累整個家庭，還能留下資產給家人。而且，純粹從理財角度來看，保險也能帶來長遠的收益，對自己和家人都有很大的幫助。

陳老先生七十歲了，一生兢兢業業，累積了一定的財富，退休後已經把事業傳承給子女，自己還擁有一棟房子。後來他打算把房子也賣了，因為他想要留些錢給六個心愛的孫子。扣掉貸款，房子還有六百萬坡幣的價值，

他打算分給每個孫子一百萬。

當他告訴我這樣的想法時，我趕緊對他說，這筆錢先不要分出去。「從人情現實面來考量，你現在手頭有錢，子孫還會孝敬你；若是哪天身上的錢都分出去了，會不會有人願意繼續搭理你這個老頭子呢？很難說，還是多為自己著想吧！」

當然，想要分給每個孫子一百萬還是可行，只是方法要變。

我請老先生提撥兩百五十萬做為保費，購買了一張保單，期滿可領回六百萬，到時候可以分給六個孫子。至於老先生原本的六百萬，扣掉保費之後還有三百五十萬。

老先生身體還很健康，不要說活到八十歲，依照目前的醫療水準與年均壽命，活到九十歲都不是太大的問題。因此，手上擁有三百五十萬，他還是可以在漫長的退休生涯中好好享受人生、含飴弄孫。

資金一旦進入保險體系，就不能輕易領出來，也不會被隨便花用。保險就是一種承諾，白紙黑字上寫著可以領取多少錢，就會給付多少錢，絕對不用擔心。

因此，透過保單擔保，日後陳老先生蒙主恩召時，每個孫子都一定會領到屬於他們的一百萬，而且他們肯定會一輩子感謝他們的爺爺。若是早早就把這些錢分給孫子，或許他們一開始還會感恩，但時間久了大概就淡忘了。隨著這筆錢被花完，只剩下一個糟老頭，到時候反而成為家庭的負擔。

同樣是手頭有一筆錢，不懂得透過保險規劃，六百萬就是六百萬，給了孫子就苦了自己，留給自己不給孫子又感覺不好。如今，透過保險可以兩者兼顧，這就是保險帶來的智慧理財。

保險是每個人生活中的最後一座堡壘，請相信這座堡壘，並且確定自己已經完善做好人生最重要的國防。（**國庫很重要，但是國防更重要！**）

THE REAL
COMPANY

第三章

圓滿：感恩無悔

找出你的一點點可愛

一個人總是有些什麼不一樣的地方，才會從一群人當中脫穎而出。也就是因為那麼一點點不一樣，另一半才會喜歡你，老闆才會聘用你，客戶才願意下單給你。

許多人在職場上鬥得你死我活、精疲力盡，其實，只要將自身的「一點點不一樣」轉變成優勢，就能帶來事半功倍的效果。

若你已經不是自己那個領域的菜鳥了，卻只能眼睜睜看著其他業務高手闖出好成績，上台領獎，心中難免會自問差別在哪裡。

長相不比他差，為什麼客戶比較願意找他服務？對商品的瞭解和介紹跟他一般嫻熟，為什麼他比較容易成交？每天的工作時間不比他少，為什麼每個月的成績還是不如他？

或許你會經常注意到，每個人銷售的都是同樣的商品，卻有人業績好，有人業績差，最終往往差別的就只是一點點。畢竟，能被同樣一家公司錄用，大家的基本實力應該差不多，關鍵真的就在於你能不能掌握那「一點點不一樣」。

一路走來，我總覺得自己沒什麼比其他人更厲害的地方；若是真要說有，就是比別人多一點點「對善良的執著」。我總是相信善良，相信人性有美好的一面，不論在職場上碰到什麼難題，就算再怎麼失意、再怎麼沮喪，內心還是相信人間是美善的。

就是出於這樣的信念，我願意多付出一點心力，只求能將事情做個圓滿，不計較能否帶來好處。因此，我的業績逐漸攀升，後來成為頒獎台上的常勝軍。

媽媽曾經告訴我，做人至少要有「一點點可愛」。這不一定是指外表或傳統美德，其實，就算有那麼一點點執著、一點點潔癖，甚至有一點點死心眼，也都沒什麼不好。只要逐漸擴大並改善那一點點，從一開始跟別人只有一點點差距，到後來很可能就變成強烈的自我特色與勝出關鍵。

好比說，你這個人就是有一點點死心眼。好吧！可能你的個性就是這樣，認定了一件事就不隨便更改；可是，正因為這一點點死心眼，讓你持續投入一件事情，做到最好才願意停止。就像當年進入保險業，一旦認定了，不管別人說什麼，我都努力邀約拜訪；就算被潑冷水、被瞧不起，反正我認定就是認定了，不輕言放棄。

當然，這種死心眼所堅持的事情，很可能一開始就是錯的，這樣其實也很好。為什麼呢？因為你認定之後用心嘗試過，最後確認是一場錯誤；對於這樣的錯誤，全世界應該沒有人比你自己更加刻苦銘心，也絕對不會有其他人體會到跟你一樣深的領悟。因此，你一定會從錯誤中得到教訓，從跌倒中再爬起來；一定會想到全方位的思考與方法，走出自己的一片天。

最讓人擔心的就是人云亦云、毫無定性，一下子往東，一下子往西。看到某人有什麼長處，就想要模仿；看到別人現有的成就，就只想挑容易的學，而不是真正要從頭學起，腳踏實地的吃別人吃過的苦。

■

我非常相信人性本善，不只一次用純善的心對待他人。雖然不求回報，但某些人最終卻恩將仇報，心性完全變質，令我十分感慨。

曾遇過一個女孩，當年已經瀕臨放棄自己的人生。她坐在陽台上問自己：到底是這樣跳下去，還是去找明利姊？最後她決定來找我，成為我的團隊夥伴，後來還成為閃亮的業務新星。然而，當她開始展露光芒之後，卻又變得目中無人、不可一世，早已判若兩人。

眼看她原本有機會大放異彩，卻因稍有成就而迷失本性、目空一切、狂妄自大，言行舉止讓人難以接受。對於她的改變，我覺得十分難過且自責。這不是她的失敗，而是我的失敗，因為我帶好了她的成績，卻沒帶好她的善良。

當這樣的案例一而再、再而三地發生，我才認清一件事：我不能期待每個人都變成我，因為我是我，他們是他們。他們缺乏我那些獨特的經歷，而每個人的價值觀又不同，怎麼可能變成我的樣子？

就像養育一個孩子，再怎麼望子成龍、望女成鳳，也無法在他還不會走路時就要他跑。每當遇到彎路，如果都護著他、牽著他，無法讓他自己體會轉彎的感覺，一旦沒人帶領他，他就不知怎麼過彎了。

■

我總是抱著感恩，始終相信人性本善，努力為客戶著想，因而養成了一種習慣：見客戶之前，就已經開始站在客戶的角度為客戶著想了。我都會事先想好，面對不同個性的客戶，應該如何讓客戶在見面時感到自在。

帶領業務團隊時，我也會先策劃出最佳搭配組合，因為我知道哪位客戶最適合由哪個業務人員來接洽與服務，甚至連會面地點都幫忙安排好。我會告訴我的業務夥伴，只要細心體貼地面對客戶，絕對可以經營出一番好成績。

我會傳授業務團隊如何穿著，應該保

持什麼樣的坐姿，皮包要怎麼放，必須具備什麼樣的肢體語言。我也會叮嚀他們，說話時要如何接觸對方的眼神，如何聽出客戶談話中的真正含意。更重要的是，跟客戶約定了時間，一定要比客戶更早抵達約定地點。

甚至在尚未出發見客戶之

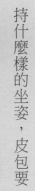

前，我就已經在腦海中演練過談話過程。我見過那麼多客戶，可以很快將每個人建檔，例如急性子是一類，不慍不火是一類，慢郎中又是另一類。如何應對不同類型的客戶，才能提供最佳服務，我都已經建立了檔案規則。經過這麼多練習，只要跟陌生人說個兩、三句話，通常我就能立刻判定他是屬於哪一種人。

知己知彼，百戰不殆。有了這樣的識人基礎，再加上得體的應對進退，在事業上肯定會有一番成就。

然而，這些都是「我的」經驗。技巧可以傳授，經驗卻必須仰賴每個人自己不停地體驗和累積。所謂「個人吃個人飽，師父引進門，修行在個人」；唯有勤於練習，才能將別人的技能變成自己的經驗。

中文實在很深奧，「學」與「習」是兩件完全不同的事情。「學」是跟隨老師或團隊領導人學技巧，跟隨上手老師學知識。「習」則是磨練與練習，就像餐廳的二廚或日文中的「見習」廚師站在一旁跟著動手做，經年累月熟練上手了，總有一天就能獨挑大樑，做出一道道美味食物。

平時認真學習專業知識，談業務時運用在每一次銷售過程中，次數越多，成功的機率就越高。如同前面提到的「擴大那一點點」，發揮你的一點點可愛、一點點執著、一點點潔癖、甚至一點點死心眼，一次兩次不熟悉不成交沒關係，二十一次就能做好，一百二十一次就會很熟練，到了一千兩百次應該就是行業裡的專業人士了。

■

好與壞其實是相對的，優點可能是缺點，缺點也可能反而是優點，這就是「人生的相對論」。在手術台上執手術刀救人一命的醫師，若是改拿雕刻刀做工匠，可能連職業學校學生的技巧都比不上；在某處非常吃香的技藝轉移到另一個場景，可能毫無用武之地。

因此，認真瞭解客戶之前，必須先好好認識自己。

想想自己的那「一點點可愛」到底是什麼。

在我的業務團隊中，有一位工程背景出身的夥伴，這樣的背景打造出他的「不一樣」。相較於大多數商科背景出身的業務人員，他更注意細節和數據。保險原本就是一門有關精算的學問，法律合約也包含了許多「眉角」，也就是不容易很快就學會的學問，這樣的個性反而變成他的優點。跟客戶對談時，他可以巨細靡遺地列出種種數據，甚至運用科學分析，這樣的用心與專業更容易吸引注重數據又十分理性的客戶。

然而，同樣的特色成了他的缺點。他太注重冷冰冰的數字，反而缺少人與人之間的溫度，也缺乏人與人彼此交流的彈性，過於一板一眼。對於數字較不敏感甚至排斥的客戶，這樣的數據分析可能會讓他們失去耐心。

同樣的方法不能用在不同的客戶，這種重視數據的個性，可能也使得他把每位客戶都數字化，促使他習慣思考哪一位客戶較有價值，哪一位客戶不值得花時間面談；然而，我們怎麼能用這種思維提供客戶服務呢？

所以**優點和缺點都是並存的，重點還是必須先「知己」。知己不是要改變自己**，硬要從數據導向轉變成人情導向，同時兼顧人情導向的鋪陳，只會變得四不像，畫虎不成反類犬，最後更是無所適從。

我相信物以類聚，只要將自己的專長發揮到極致，適合自己的客戶肯定非常多，一定會有許多轉介而來的客戶。

多年來，這也是我始終相信善良價值的原因，相信自己一定能吸引同樣類型的客戶。我如何對待他人，人家就如何對待我；就算別人對我不好，我也會回想是不是以前曾經對人家不好，現在才會被如此對待。

這也是另一種形式的知己知彼：以他人之心思己，進而建立一套與他人互動的準則。

婚姻不也是如此嗎?婚前欣賞對方溫文儒雅、個性和善,婚後卻開始怨嘆另一半膽小懦弱、毫無主見。問題是另一半有改變嗎?沒有,自始至終都是同一個人、同一種個性,只不過以前看到的是優點那一面,現在看到的卻是缺點這一面。

想想每個人喜愛的人事物,或多或少會因為歲月推移而產生些許改變;但是回想一下,你會發現自己喜歡的人事物大多是類似的,差距並不大,因為人是習慣的動物。舉例而言,你喜愛粉紅色系,無論到哪個地方血拼,粉色系衣服和物品總會吸引你的第一目光。或者,你喜愛的鞋型大概就是那幾款,不論到哪兒挑選鞋子,總是脫離不了那幾款。沒有變的,始終是我們自己。

所以,每當客戶跟我談到家庭中的種種不愉快時,我都會安慰他們,沒有人是完美無瑕的。回頭想想當初為何被另一半吸引,再想想現在為何會一直爭吵,就會發現這件事非常弔詭:當初吸引你的那種個性,就是現在讓你們吵架的同一種個性啊!

當初的欣賞為什麼變成現在的嫌棄呢?只要想通這一點,夫妻之間的許多問題就能迎刃而解。

職場不也是如此嗎？內勤行政工作安穩舒適，領取固定薪水，不會有高低起伏的業績壓力；不過，正是因為如此，也少了更高的發展性，失去挑戰高薪的機會。而外勤業務工作雖有機會挑戰高薪，取得相當大的成就感，卻要面對龐大的業績壓力，飽受被客戶拒絕的挫折和沮喪。

優點和缺點都是同時存在的，面臨選擇時，每個人都必須充分認知這一點。

當你不快樂時，往往不是客觀環境改變了，而是遺忘了最初的信念。試著找回自己吧！堅持自己的一點點可愛，展現不一樣的個人特色。

吃得苦中苦 做好基本功

從出生那天開始，我們身上都帶著一個包包，包包裡有各自不同的劇本，每個人的劇情與內容都不一樣。

逐漸懂事後，我們都會打開自己的包包。有些人看到自己的包包空空如也，就很羨慕別人有許多珍寶。可是，每個人就只有這一個包包，必須從出生用到年老，如果包包裡的劇情與內容不好，那該怎麼辦？

沒關係，只要願意努力，就能將不好的劇情改寫成更好的內容，放回自己的包包。只要願意付出，縱使先天的起跑點輸給了別人，也絕對有機會翻轉人生。

相反地，也有許多人先天擁有比別人更好的包包，卻因不知足不感恩，放著好好的天賦不發揮，只會沉迷於酒色財氣，最後換來一身壞習氣，白白浪費這一生。

從小，哥哥姊姊都覺得我這個最小的妹妹特別古靈精怪。他們不喜歡拍照，在鏡頭前扭扭捏捏，我卻喜歡擺出各種不同的姿勢；聽到音樂時，我也往往不由自主地舞動起來。

有一天，上班剛滿一個月的姊姊瞞著媽媽，花了一百元偷偷幫我報名舞蹈班。她覺得我這麼愛跳舞，一定有舞蹈天分，寧願被媽媽罵也堅持讓我學跳舞。當時家裡連電話都沒有，學舞是有錢人家的特權；對我們家而言，這一百元報名費實在奢侈。

感恩我的姊姊，她一番苦心沒有白費。一九六〇年，舞蹈班老師帶著我們這群小朋友到台視開播慶祝會場表演，導播在製播節目之餘，也透過鏡頭挑選童星。一個月後，我收到錄取通知，台視希望我去演《舌鼓記》，這是我參與演出的第一部戲。

《舌鼓記》是一部現場直播的閩南語連續劇，我們必須先排練一個月才能開拍。我的戲分很重，但是當時才六歲，根本不認得幾個字，更不用說看劇本了。幸好小時候記性很好，媽媽和工作人員讀劇本給我聽，我都能一字一句背下來，並且發揮想像力將我的角色發揮得淋漓盡致。

大家都說我演得很棒，只有其中一小段美中不足，因為我好奇偷瞄了攝影機兩次。

後來我終於體會到，**人生的每一天都是現場直播，無法重來，任何事情都要專心一致不斷地練習，才能趨於完美。**像胡瓜、張菲和徐楓這些從夜市、秀場、歌廳出身的主持人為什麼那麼厲害，就是因為他們都是現場磨練出來的，每一天都在練習，臨場反應特別快。

小時候在學校說閩南語會被罰錢，我的家裡環境不好，不想被罰錢，所以認真學國語，國語說得非常好。也因為這口流利標準的國語，讓我有機會在廣播電台錄製廣播劇，沒想到配音也能幫家裡賺錢。

曾經吃過的苦，後來都變成獎賞，這就是現在大家常說的「把吃苦當成吃補」。為了配音，晚上常常不能睡覺，只能利用空檔趴在配音間的地上睡，睡覺成了最奢侈的享受。錄製廣播劇的訓練非常嚴格，因為聽眾看不到配音員的表情，厲害的配音員必須讓聽眾跟著他的聲音又哭又笑。

我幫不丹法王的法會進行翻譯時，很多人都說我的聲音非常清楚；而我去美國演講時，也會有人認出我的聲音。這一切都拜童年時嚴格的配音訓練所賜。

因此，下定決心踏入保險業時，我要求自己每天都要走出去面對客戶；唯有不斷地練習，才能產生最好的結果。我不停地面對客戶，累積客戶的同時就是在累積現場經驗；現場經驗越是豐富，客戶數量就越多。每天我都告訴自己，必須「走進千家萬戶，想盡千方萬法，嚐盡千辛萬苦，說盡千言萬語」。

事情做不好、業績沒達成，先不要找藉口，而是問自己真的盡力了嗎？在六親不認、朋友中傷、負債壓力龐大、地下錢莊追債……這種山窮水盡的情況下，我都能年年拿到冠軍，這就表示事在人為，天下無難事，只怕有心人。

一九八八年第一次拿到百萬圓桌協會「頂尖會員」的獎杯時，一位客戶告訴我：「明利，妳的獎杯有多大，汗水和淚水就有多少。敲破獎杯後，裡面就是妳的眼淚和血汗……成功的代價就是努力。」

爸爸還在世時，非常喜歡看我跳《昭君出塞》。他離世後，我就再也沒表演過了，因為表演所需的服裝非常繁重，也必須留著長髮。但是，頭髮過長容易打結，每次梳頭髮時，我都會痛到哭，所以爸爸生病時希望我把頭髮剪短，因為他不能再帶著我跑場表演了。後來媽媽快過世時，也曾說過想看我再跳《昭君出塞》，可惜已間隔了二十多年，無法多跳一次《昭君出塞》來完成媽媽的遺願。

二〇一六年，先生在友邦人壽服務滿五十週年，他希望我在慶祝會場跳《昭君出塞》。我不想再有遺憾，特別找了一位資深老師吳書玉來教我。吳老師非常嚴格，她告訴我：「一天不練手腳慢，三天不練瞪眼看，七天不練門外漢。」就算已經學會了，就算我在國外，每天都要持續練習，否則很快就生疏了。

THE REAL LI
COMPANY
AIA
MOTION

假如真的沒時間練習，老師也要我觀想，觀想自己在練舞，觀想老師舞姿中的美麗與細膩。雖然幾十年沒跳舞了，但是我在小時候已經打好基礎，練好基本功，一開始練習沒多久，所有的感覺都回來了，果真是台上一分鐘，台下十年功。後來在慶祝會場跳《昭君出塞》時，我覺得爸爸媽媽都在天上看著，他們都帶著微笑看著我跳舞。

人生就是要持續學習，練舞如此，工作如此，跑業務也是如此。每一天的日常生活都帶給我許多啟發，這些啟發都跟我的業務工作息息相關。

2008 年參觀足球隊曼聯

二〇〇七年剛好有機會參觀英格蘭最強的職業足球隊曼聯，得以進入他們的訓練球場，瞭解頂尖足球員是怎麼訓練出來的。我們必須在清晨六點鐘抵達，因為一大早就開始訓練；不論是赫赫有名的世界級球星羅納度和魯尼，還是普通球員，都必須在六點鐘抵達訓練球場。

最先參觀的是健身房，包括正式球員和預備球員，所有球員都必須在這裡進行體能訓練。體能教練非常嚴格，不停地四處走動，督促球員落實基本訓練，就是不讓球員有機會偷懶。

體能訓練過後，所有球員移師草地上，開始進行另一個訓練階段。原本非常期待可以看到與眾不同的訓練方式，結果有點失望，只見教練在草地中間畫一條線，每一位球員就跟著教練的哨音開始左右跳。聽到一聲哨音往左跳，聽到兩聲哨音往右跳；教練隨意吹哨音，球員必須即時反應決定跳哪一邊。我看著他們左邊右邊、右邊左邊一直跳，再怎麼大牌、再怎麼高薪的球員都像猴子般被教練耍著玩；但是他們非常有紀律，沒有任何人面露不悅，就這樣跳了半小時。

原本以為就這樣結束了，沒想到他們又開始不停地來回跑。這種訓練方式一點都不好看，也很無聊，卻都是扎扎實實的基本功，從訓練方式就能看出為什麼他們可以成為頂尖的足球員。那一幕令我印象非常深刻，整個定格在我腦海中，我深深體會到團隊基本訓練非常重要。不管是大牌小牌，都必須從基本功做起，跟著團隊成員一起做。

後來總算等到正式比賽了，場上的先發球員卯足全力滿場奔跑，場邊的候補隊友也全神貫注看著場上的動態，隨時注意教練的指示。一開始，我還不瞭解為什麼總是有人在場邊跑來跑去，後來才知道他們在熱身，隨時有可能替補上場，一上場就要立刻進入狀況。其實，每一場足球賽只能更換三名球員，就算熱身了老半天，也不見得有機會替補上場；然而，這些替補球員還是非常認真，因為一上場就要拿出好表現，否則下次可能沒機會上場了。

打下基本功之後還要天天練習，唯有充分準備，機會來臨才能確實掌握。運動員如此，業務員也是如此。

■

有一次，我應邀到馬來西亞的美里演講。當地朋友說，美里有好幾個山洞景色迷人，他們非常熱情地邀約我們一行人去參觀。

隔天早上，我們在美里爬上爬下，陸續看了三個山洞。我已覺得美不勝收了，朋友卻告訴我：「現在我們要搭船去另一個山洞，那個山洞才是最大最美的。」

我已經開始疲憊了，就問朋友：「我辛辛苦苦來回上下幾百個階梯，已經看到很美的景色了，可以不要去嗎？」

「不行，」朋友十分篤定地告訴我：「如果沒看到接下來這個山洞，保證妳會終身遺憾。」既然朋友大力推薦，只好恭敬不如從命了。搭上小船，開著開著，到了一處熱帶雨林入口。朋友說：「接下來要步行六公里山林道。」

「還要六公里！很遠啊！」

「不會很遠，都已經來到這邊了，不看看這個最美的山洞實在很可惜。」

好吧，頭都洗一半了，只好繼續走。這是我第一次走進熱帶雨林，從沒想過雨林中的小路那麼難走，既濕滑又泥濘，空氣也頗為悶熱。走了好一段時間，朋友說「到了」，我興奮地抬頭張望，想要尋找那處美景，可是哪來的山洞呢？

「明利，我的意思是，我們『到了』休息站。」

我已經很累很累、走不下去了，於是問朋友：「到底還要再走多遠？」

「還要再走三公里！」

「還要三公里？那麼，到了山洞之後，我們要怎麼出來？」我非常擔心地問。

朋友說：「只能用走的……」

聽到回程還要再步行六公里，我簡直快昏倒，準備停下腳步不走了。才走三公里就快要累垮，再走三公里進去，然後又走六公里出來，總共還要九公里，是目前的三倍耶！

我告訴我的主管：「我不想進去了，我怎麼有辦法走這麼辛苦的山路呢？」

「明利，妳有沒有想過這趟來馬來西亞的目的是什麼？」主管突然拋出一個毫不相關的問題。

「演講啊！」

「那就對了，妳是來激勵大家的。可是，現在才走一半，妳就要放棄，這樣好嗎？」主管繼續說：「如果現在放棄，走回出口一樣也要三公里；若是不放棄，再走三公里就能見到前所未見的美景。同樣是三公里，妳要往前走還是往後退？」

我的主管果然是團隊激勵高手，字字句句說得鏗鏘有力，完全無法反駁，也讓我

突然間，矗立在我眼前的，是一個龐大到可以停下三架波音 747 巨無霸飛機的山洞。

有些慚愧。平常我一直在鼓勵別人不能半途而廢，現在自己卻很想放棄，這樣實在不好，而且也等於浪費了之前已走過的三公里。

好吧，堅持下去，再走三公里！

辛苦走了好一段時間，突然間，矗立在我眼前的，是一個龐大到可以停下三架波音七百四十七巨無霸飛機的山洞。這六公里路果然沒有白走！

朋友說：「再等一會兒就能看到我說的美景了。」

約莫過了一小時，我看到一個小黑點從山洞裡飛出來。僅僅不到一秒鐘的時間，那個小黑點突然變成一團大黑點，成千上萬隻蝙蝠從洞裡蜂湧而出，幾乎遮住了半邊天，那種自然奇觀真是令人瞠目結舌、讚嘆萬分。

更讓人想不到的是，蝙蝠還沒飛出來之前，洞口外早就有好幾隻老鷹盤旋在天空中，等著捕食獵物。明知洞口外有這麼大的危險，蝙蝠卻依然勇敢往外飛。

第一隻蝙蝠飛出來時，所有的蝙蝠就一同飛出，數量多到驚人，飛了一小時都還沒飛完。這不禁令我懷疑那些守株待兔的老鷹是不是都被牠們衝得不知去向了？

「明利，現在妳還會覺得走這六公里很累嗎？」主管問我。

「不，我很慶幸自己沒放棄，才能看到這一幕偉大的大自然奇觀。」洞口外那些不停盤旋的老鷹代表著挫折與危險，蝙蝠卻運用集體的智慧與力量，成功克服了老鷹的威脅，著實令我有感而發：不論是打電話約訪客戶，或是登門拜訪客戶，都還不必像蝙蝠衝出洞口那樣必須冒著生命危險；那麼，被客戶拒絕有什麼大不了的嗎？有必要因此失

成千上萬隻蝙蝠從洞裡蜂湧而出。

去信心嗎？而且，當客戶數量累積得越來越多時，這麼一點點挫折又算得了什麼呢？

小小的蝙蝠為我上了寶貴的一堂課，回到飯店後，身體雖然疲憊不堪，內心的震撼與悸動卻讓我久久無法平復。世上最美的風景，總是藏在無法輕易到達的地方；同樣地，想要得到更好的業績，當然也要付出更高的代價，不是嗎？

未經一番寒徹骨，焉得梅花撲鼻香。大家都知道這個道理，但是有多少人願意嘗試甚至徹底實踐呢？

是的，真的很累。想要成功，就必須願意付出、願意犧牲。「吃得苦中苦，方為人上人。」這也是眾人耳熟能詳的一句話。

許多人經常問我：「從事保險工作這麼久了，為什麼都不會累？妳真的不累嗎？」

體力上的勞累是一定有的，不過，若是指精神上的疲憊，因為我早已「覺悟」了，所以完全不會覺得累。

為什麼說自己早已「覺悟」了？因為我很清楚自己在做什麼，也很瞭解自己要的是什麼。很多人羨慕我的成功，認為我非常了不起；但是，我認為成功並不會很困難，只要養成良好習慣、持之以恆，不要半途而廢，成功並非遙不可及。身體上很累，心裡卻不累。

相反地，**允許自己接受失敗才是最困難的**。承認自己失敗卻又不願重整旗鼓、重新出發，就是用一輩子的時間來忍受這種痛苦，每天渾渾噩噩過日子。他們的身體像行屍走肉，一點都不累；心裡卻要承受一生失敗的苦楚，那才是真的很累！

所以，只要清楚知道自己在做什麼、想要什麼，即使必須承受許多挫折、疲憊不堪，你的內心一定會滿足喜樂且充滿成就，一點都不累！

成功是一種生活態度

無心插柳柳成蔭，為了陪同朋友上課，我在一九八二年三月一日踏入了保險業。從上課的第一天開始，我就非常認同保險助人的理念。

從螢光幕上光鮮亮麗的演藝人員，變成四處奔波的業務人員；從被人捧在天上的玉女紅星，變成落入凡塵的保險業務。曾經有許多人等著看笑話，不相信這個演藝圈嬌嬌女承受得起這種落差。他們看衰我，說我做三個月就一定會陣亡，但我用成績證明給他們看：從一九八五年起，年年獲得冠軍榮耀。

一九八五年我獲得友邦人壽全區域與全公司冠軍，一九八七年成為美國百萬圓桌協會「超級會員」，同時也是友邦人壽全區域與全公司冠軍。一九八八年，我成為美國百萬圓桌協會「頂尖會員」，也拿到友邦人壽全區域與全公司冠軍。此後，每年我都達成頂尖會員，蟬聯了十二年全區域冠軍和18年全公司冠軍。三十二年來，我的平均保費續保率從沒低過百分之九十五。

也因此，某些人會認為陳明利就是一心追求冠軍光環，為了業績拚死拚活；但我始終認為，先有誠摯的服務，得到客戶的認同，最終才會有業績。以關懷為本，不忘初衷，才是我持續獲得客戶肯定的關鍵。

二〇〇四年是我保險生涯的重要轉換，因為那一年是我計算個人業績的最後一年了。隔年開始，我要接任管理職，轉型為經營團隊、訓練團隊的教練。

孔子說，五十而知天命。年過五十，經歷過許多風雨波折，我懷抱著慈悲喜捨，想要投入更多時間在公益事業上；至於能不能再度拿到二〇〇四年的年度冠軍，坦白說不是那麼在意了。不過，向來擅於激勵我的主管還是對我說：「妳即將轉型為團隊領導者，這一年更是必須繳出好成績，漂漂亮亮地轉身。千萬別讓別人說妳日薄西山、業務能力衰退，不得不轉任管理工作。」

於是，我還是有始有終地延續從一九八五年開始創造的榮耀，直到二〇〇四年依然是新加坡第一名，依然達成百萬圓桌頂尖會員的資格，依然成為那一屆西班牙巴塞隆納的高峰會長。

對我而言，這不是為了爭取第一名，也不是為了享受上台領獎的光采，而是一種對自己負責的基本態度。這是我每年工作的基本指標，好比司機把乘客載到目的地，建築公司依約建造符合各項安全規定的大樓。

從事保險工作多年，我已經習慣每年設立一個必須達成的標準。業績計算都是每一年歸零，每一次重新開始，我只是依照基本的標準朝著目標前進。

我不會刻意跟任何人比較，這是自己的生活態度。一年有三百六十五天，有時心情愉悅，有時心情不佳，不論心情如何，我的態度就是全力以赴。

所謂年度業績大獎，計算業績的時間是從每年的一月一日到十二月三十一日；但是，

1987 年第一次做到高峰會長在紐奧爾良紐奧蘭之旅

年底達成業績目標之後就能鬆懈嗎？不能，因為另一個指標「高峰會長」的計算時間是從六月一日到隔年的五月三十一日。

我永遠處於「計算業績」的進行式中，而我的工作態度就是，將這些業績指標視為基本目標，用平常心看待它。

「態度」真的很重要，決定你一生的成敗。

有始有終地延續從 1985 年開始創造的榮耀，依然達成百萬圓桌頂尖會員的資格

即使不是業務人員，而是開店做生意，假使你的態度是以客為尊，從每天開門營業起，你就會處處關注與顧客相關的每一個環節。你不會偷工減料，不會為了壓低成本販售劣質商品給顧客。顧客有問題時，你也不會嫌麻煩，故意裝作不知道；更不會今天心情不好就不開店，明天肚子不舒服也不開店。

不論哪個行業，我們最常聽到的一種藉口就是「好累」。某些人從學生時期就養成這種習慣，動不動就說「好累」，然後找機會請假。然而，「好累」的標準是什麼？走在沙漠中，發現再往前走一公里就是綠洲了，這時就算又飢又渴也會爬過去，誰還會說「好累」呢？

我相信，人生真有「好累」的時候。有些人已經嘗試過一切努力，另一半的惡習仍然不改，每天吵到已經不想再吵了，最終選擇了離婚。

有些人為了挽救事業，今天剛補完一個財務大洞，明天又爆出另一場財務風暴。好不容易借錢救火，第三天卻又遇到大麻煩，必須繳出龐大罰款，這時候他可能也會覺得山窮水盡、筋疲力盡，好累！

歷年來我拿下的百萬圓桌會員以及百萬圓桌頂尖會員的獎牌

是的，人生真的會有「好累」的那一刻，但必須先「盡人事」才能「聽天命」。

我很喜歡觀察別人，從事保險工作多年，不論是團隊內部培訓或是外出拜訪客戶，我見過各式各樣的人。有時真的不免會感慨，某些人的韌性實在很強，我覺得高度挑戰性的事情，他們還是有辦法做好。不過，還有更多人是碰到問題連試都不試，就只想要找人求救；更糟糕的是，有時連求救都免了，直接就放棄了！

這讓我想起一個故事。

有個農夫要求讀小學的兒子搬一袋飼料去倉庫，兒子試了好幾次都搬不動，回頭望向爸爸。爸爸則是用激勵的語氣對他說，只要再加把勁，一定搬得動。

兒子真的搬不動，只好動腦筋想方法，拉了一輛三輪車過來，試著將飼料搬上車；可是，他連扛都扛不上去，任何運送工具都幫不上忙。

農夫問他：「兒子啊！我知道你很努力，但是你真的『盡力』了嗎？」

兒子說：「爸，我使盡全力也累翻了，搬不動就是搬不動。」

農夫再次向兒子確認：「你真的『盡力』了嗎？這真的是你的極限嗎？」

兒子又說：「爸，我真的盡力了，實在搬不動，這超過我的極限了。」

看到兒子累垮的樣子，農夫嘆口氣說：「兒子啊，其實你沒有『盡全力』，難道你沒看到我站在這邊嗎？怎麼不會請我一起搬呢？」

假如你的目標就是要搬起那袋飼料，假如你的態度就是非做這件事情不可，就不會自我設限。農夫並沒有規定兒子「必須獨自搬運這袋飼料」，但是因為兒子將目標設定成「應付爸爸的命令」，因此就只能侷限在自己弱小的力量中。

年年擁抱冠軍，讓許多人認為取得冠軍對我易如反掌，如同探囊取物那樣簡單。其實我跟其他業務同仁一樣，每年的業績都是從零開始，沒有任何特權，也沒有任何得天獨厚的優勢，只是盡心盡力做事，這已經成了一種習慣。回顧業務路上的點點滴滴，並不是每一年都走得輕鬆自在。

一九九七年我收到來自美國百萬圓桌協會的一封信件，信上寫著：「陳明利小姐，您好。在您的努力耕耘下，今年已經連續十年成為百萬圓桌頂尖會員。根據協會的規定，連續十年成為會員就能取得終身會員的資格。」

看到這封信，我的內心激動不已，過去十幾年的汗水與淚水一一浮現出來。然而，每個人都是會鬆懈的，這是人性。當時心想，既然已經拿到終身會員資格，就不要再那麼辛苦，沒必要再像過去那樣嚴厲鞭策自己。

而且，當時進入這個行業已經十多年，也算是不折不扣的資深從業人員。年年都是我在拿冠軍，「觀眾」都覺得不新鮮了，搞不好也會希望看到新戲碼，換個人拿冠軍或許也不錯。

在這樣的心態下，剛好那一年又出現強勁的後起之秀，那是一位從銀行體系轉職過來的年輕業務員。剛好當年新加坡政府推出一項新政策，他擁有廣大的原始客戶，透過政策結合，很快就開發出許多新業績。反觀我當時的業績，才過了半年就已經被他遠遠拋在後面了。

這時公司出現一種氛圍：「冠軍要換人了⋯⋯」而我也開始感覺到人情冷暖，還沒到年底，我在別人眼中已是過氣之人，他們跟我講話也經常帶著安慰的語氣。

若是早期的我，肯定很想爭取第一，但是自從經歷過財務危機、瀕臨破產、年年還債等辛酸，我的心其實有著更多慈悲喜捨。我不想再跟其他人競爭了，只要秉持著原則做好服務志業，是不是第一名已經不在乎了。

主管察覺到我的改變，他很聰明，不是直接來跟我討論業績，而是換個方式問我：「明利，假如妳只想做個終身會員，那也未嘗不可。問題是，妳已經拿到那麼多次第一名了，如果剛好就在準備成為百萬圓桌協會頂尖終身會員時落到了第二名，妳覺得怎麼樣呢？」

他的意思是，其他時候沒拿到第一名也就算了，但是不要剛好在成為百萬圓桌協會頂尖終身會員的這一年失去第一名。「不要說我沒提醒妳，只是不希望妳將來遺憾一輩子。」

其實我不是那麼重視名利，就算是第二名，也是很高的榮譽啊！不過，換個角度想想，主管說的也頗有道理，不是嗎？

這時已經來到九月，距離業績截止只剩下三個月，我的業績還差那位年輕業務員一大截，幾乎所有人都認定他得冠軍已經十拿九穩。

要如何扳回一城、重返冠軍呢？主管告訴我：「這個年輕人一定是將妳一九九〇年的成績當成目標。」

我納悶地說：「當年我打破公司的紀錄時，你曾經告訴我，這項紀錄應該可以維持十幾年，沒有人有辦法打破；如果有人可以打破，那就是我自己。」

「沒錯，當時我是這麼認為，因為這項紀錄實在不容易突破。不過，政府開放公積金退休產品之後，這個年輕人以此為主要銷售商品，就他目前的業績看來，他一定是朝著妳當年的成績前進，那就是他的指標：想要打破妳的紀錄。」主管接著說：「所以，妳不但要打破自己的紀錄，不能只贏他一點點，不能摧殘幼苗，而且妳是百戰名將，還要大幅領先，贏到他看不到妳的車尾燈，贏到他心服口服，讓他知道薑還是老的辣。」

主管的分析一語打醒夢中人，可不是嗎？這位年輕競爭者主要銷售的，都是「以政府的退休公積金來繳保費」的產品，客戶根本不必再付錢就能買到保單。

主管告訴我：「不要忘記妳已經累積了一千多位客戶。雖然這位競爭者採取的是積沙成塔的人海戰術，雖然現在正面臨一九九七年八月開始的金融風暴，但是妳有龐大的客戶群當後盾，有什麼好擔心的呢？」

他繼續激勵我：「很多人認為妳已經到達顛峰了，接下來就會後繼無力，開始走下坡，難道妳願意接受別人這樣看輕妳嗎？其實妳沒發現自己有一項特點：這些年來，妳已經累積了無數經驗，即使在高度競爭的壓力下，都不會讓自己陷入精疲力盡的困境。所以，我相信妳今年還是會拿到第一名！」

優秀的選手背後，往往有一位非常會激勵人心的教練，我的主管就具有這種天賦。

主管點燃了我的鬥志，我開始全力衝刺，馬不停蹄地拜訪客戶。當時我不經意做了一個小小測驗：直接向熟識的客戶和朋友提到今年可以成為終身會員，也透露出想要衝刺冠軍的決心，但是在邁向冠軍路上卻出現了強悍的競爭對手。我發現，事業成功、胸懷大志的企業家往往會對我說：「絕對不能放棄，開玩笑，都已經連拿九年冠軍了，怎麼可以在第十年落敗？」相反地，事業不那麼成功或生活較無目標的朋友通常安慰我：「妳是妳，他是他，做好自己就好，不用在意那個人！」

雖然不能說誰對誰錯，但我心裡非常清楚，在領取百萬圓桌協會頂尖終身會員榮耀那種重要的場合上，千萬不要留下一絲絲遺憾，務必要全力以赴。

如同主管的預料，當年業績截止時，那位後起之秀果然打破我在一九九〇年的紀錄，但是我的業績比他高出更多，最終拿到了冠軍。這真的印證了主管所說的，沒有行情好壞，只有自己在心中設下的障礙。

的確，在發生亞洲金融風暴的一九九七年，我竟然再度打破自己的紀錄。

最後三個月的全力衝刺給了我相當大的啟發：只要心中的目標大於一切，只要全神貫注、心無旁騖地邁向目標，周遭的事情都與我無關，根本不會被經濟不景氣或旁人風涼話等負面情緒影響。

不論世界再怎麼紛亂，只要自己的心是篤定的，就不會迷失方向。

能在一九九七年再次拿到冠軍，這中間還有一段印象深刻的小插曲。

一九九六年底，我拜訪了一位大企業總裁，他是我多年客戶的先生，已經有些年紀了，我都叫他爺爺。考量到大環境的變化，以及他的事業有了新發展，我認為他的財富安全網還不夠堅固，必須重新審視。因此，我用心製作了不同版本的計劃書，期間還陪他進行健康檢查，並且配合醫師建議訂定了適當

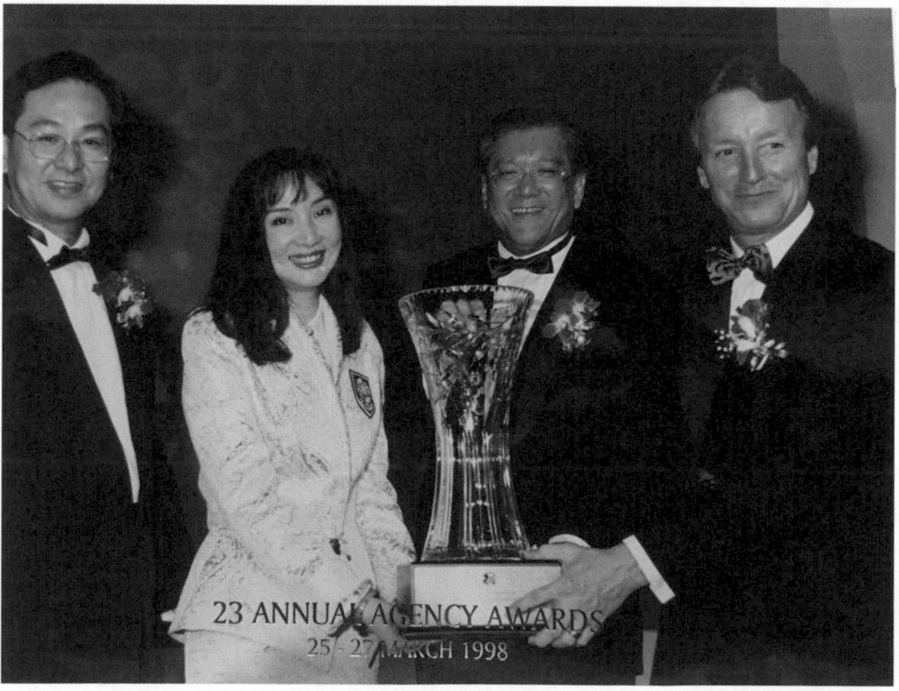

在 1998 年領獎，那年 1997 年面對貨幣危機與一位年輕人對決，最後三個月急起直追刷新自己 1990 年保持的紀錄。

的生活作息規劃。撇開業績不談，這些事情本身對於總裁及其家人非常重要。

最後若是簽約了，將是一筆很重要的業績；然而，就在即將簽約的關頭出現了一些狀況，影響了他簽下合約的決定。

能不能簽約倒是其次，最納悶的是總裁為何臨時變卦。我自認所有的規劃都是根據他的現況量身訂製，他原本滿意我的規劃，最後關頭卻突然改變心意，是不是對我有什麼誤會，或者是有什麼原因？

於是我又拜訪總裁，總裁直接告訴我：「明利，妳根本沒用心幫我規劃，也沒仔細向我解釋不同的保單計劃，我真的對妳很失望。」

然而，我花了將近一年的時間不斷地跟他討論符合他需要的險種，一直跟進並安排核保所需的文件與健康檢查報告。好不容易得到公司的核保批准，怎麼現在才說我沒提供更多的保單計劃給他參考呢？他忘了我一開始就曾經提供幾種不同的保單計劃，也更換過兩次保單計劃，最終他選擇了目前公司批准的這份計劃。

摸著良心，我真的問心無愧，於是我嚴正告訴他，就算不簽約，也要讓我表明自己的清白。我非常堅持曾經詳細為他說明不同的保單計劃，他還是不記得。

時值十一月，我的業績已經追上來了，跟那位年輕業務旗鼓相當、難分軒輊；但是我坦坦蕩蕩，因為我幫總裁規劃保單絕對不是只想著如何拿到冠軍。

為了證明自己，我就問他：「請問這一年來有沒有人整理過您的書桌並丟棄文件？」

他說沒有，沒有人敢擅動他的書桌文件。他很好奇我為什麼會這樣問。

我又問他：「您自己有沒有將辦公室書桌抽屜內的文件移到其他地方？」

他還是說「沒有」。於是，我非常認真地對他說：「爺爺，如果像您所說文件都沒被移動過，現在我就可以非常肯定地告訴您，當初幫您規劃的保單文件就放在這張桌子右方最底下的抽屜裡。」

他很訝異地看著我：「妳憑什麼這樣說？」我告訴他，我看到他把文件收在抽屜裡。於是他跟我打賭，如果打開抽屜真的看到我用心規劃的計劃書，他就二話不說簽字給支票；不過，如果打開抽屜沒看到計劃書，以後這件事就不用再提了。

好，就這樣一言為定！

他彎下身子拉開桌子右方最底下的抽屜，拿出一整疊文件，我一眼就看到那份計劃書就在那疊文件底下。

這下子他心服口服了，誠心向我道歉可能是自己事情太多，真的忘記了。他也承認是他自己的疏忽，我確實準備了不同的計劃書給他參考。於是他立刻拿起筆簽下了合約，並且遞給我一張支票。

給了我支票之後，總裁非常好奇我怎麼能記得那麼清楚、那麼有把握？

我告訴他，可能是小時候的拍戲經驗給了我許多磨練，其中一項磨練就是必須隨機應變，全神貫注進入狀況。早年的攝影棚設備不夠先進，拍戲就是現場直播，現場有突發狀況時，絕對不能處於狀況外。總之，所有的場景猶如錄影般燒錄在我腦海中，可以隨時倒帶，因為我隨時保持全神貫注。

我的回答感動了總裁，他說我命中註定就是要拿冠軍。因此，他將他父親年輕時寫給他的座右銘送給我：

持其志勿暴其氣；敏於行而慎於言。

事無不苟微尤畏；心可無疑毀亦安。

那是一張保費很高的保單，光是簽下這張保單，就篤定領先那位年輕業務員了。當年十二月，我繼續衝刺，終於創下讓那位後起之秀「看不到車尾燈」的業績，也讓原本不看好我的人再次心服口服。

一定有不少人跟總裁一樣好奇，每天拜訪的客戶那麼多，一整天又有不同的行程，怎麼還能清楚記得總裁把文件收在哪個抽屜？即使是年輕人也會忘東忘西，為何我這麼忙還能擁有如此驚人的記憶力？

答案就是「**專注**」，以及保持紀錄的習慣。三十多年來，我保留了每年的日記行程，從不間斷。

拜訪客戶的當下，我的目標永遠只有一個，就是為客戶架設合格的安全網。不論我有多少繁忙的事務，當天有多麼緊湊的行程，跟客戶一對一面談時，我的眼中只有客戶。

這不是什麼大道理，而是我天天在做的基本功。因此，當我非常專注地向總裁說明規劃內容時，當然會清楚記得總裁順手就把計劃書丟入右邊最下方的抽屜裡。

這位總裁選擇規劃的，是一張二十年期滿可領回保險金的保單。他一直非常有自信地對我說，一定會等到我拿這張保險金支票給他。遺憾的是，二〇一七年一月總裁在家中滑倒過世，只剩下不到一年的時間，我就可以親手將這張支票拿給他了。

作者手稿

很感謝他在二十年前助我一臂之力，幫我順利衝上冠軍；然而，我更高興的是，這張保單可以依照他生前的想法，讓所有的受益人在毫無糾紛的情況下得到最好的安排。多年來總裁經常告訴我，他一生最大的願望就是家族和樂，畢竟家大業大，要做到這一點頗為困難。

但我可以十分欣慰地望著天空告訴他：「爺爺，您做到了！」

■

到了一九九七年，我已經連續拿了十多年冠軍，也已經第十次達成美國百萬圓桌協會的會員資格。若說推動我持續打拚的動力是賺錢，經過十幾年來的奮鬥，其實我們夫妻早已還清債務，也建立起相當不錯的資產規模。若說我的動力是爭取冠軍，當時也都已經拿了十幾座冠軍獎杯，我的能力早就得到所有人的肯定。

那麼，推動我年年拿冠軍的核心動力是什麼呢？是為了「得到」什麼嗎？不是！若是為了「得到」，一旦「得到」之後，就已經失去繼續努力的意義。我會這麼盡心盡力，就是**因為這些「原本」都是我該做的**，我認為「本分」是一種習慣；公司設定了三種業績標準，我早已習慣年年都要達成。

有時候，人們覺得「優秀」就好了，不一定要達到「頂尖」；然而，從優秀的業務員邁向頂尖的業務員，中間就是差了那麼一點點不同。

那一點點不同就是，想要偷懶甚至放棄時，願意堅持下去，願意多打幾通電話，願意多拜訪幾位客戶。

更關鍵的是，當你垂頭喪氣、心灰意冷的時候，身邊有沒有一位能夠激勵你的好教練。

真的很幸運，我有！就是一路激勵我的主管。

一九九六年是我的多事之秋，最親愛的媽媽在那一年過世。那時經常在醫院陪伴媽媽，後來又忙於處理喪葬事宜，到了第三季，業績還不是第一名。主管鼓勵我，雖然媽媽不在了，但是她在天上也會希望我過得好，因此我對著媽媽的遺照說：「媽媽妳放心，我會努力，繼續拿到第一。」媽媽是九月過世的，當時只剩三個月，但是到了那年年底，我還是拿到了全公司第一名。

一九九七年，我的心境特別累。之前幾年的債務都還清了，也已經擁有自己的房子，就連最親愛的媽媽也在前一年走了，當時我會經常問自己，這麼拚命到底是為了什麼？

經過主管的激勵，終究還是回到我的初衷：保險是幫助人的，要保障每個人的一生，這是很重要的事情，我必須努力推廣。那一年發生了亞洲金融風暴，許多人的事業都受到衝擊，讓我更加感到救人的急迫性。

發生金融風暴時，不少人最先想到的是，保險業是金融業的一環，我的情況應該也很慘。而且，金融風暴使得許多人在經濟上碰到困難，有能力買保險的客戶肯定會減少，甚至可能會解約；在那種情勢下，應該很難推動保險業務。

凡事都有兩個面向：悲觀地看，金融風暴毀壞了許多人的經濟城堡；但是換個角度想，金融風暴反而讓人真正體悟到「世事無常」的道理，這不是正好讓他們瞭解保險的重要性嗎？因此，反倒是在金融風暴時，更多客戶願意敞開心胸接受我的保險規劃。雖然面臨了後起之秀的巨大挑戰，那一年我還是拿到第一名。

一九九八年，亞洲金融風暴的肆虐還沒結束，泰幣和印尼幣競相貶值，除了繼續以慈悲喜捨的態度關懷客戶，另一個刺激我再次衝向第一的原因是我先生。他說，我們的孩子剛出生不久，還不會講話，「請不要讓孩子長大後開口說，媽媽當年就是為了照顧我才無法拿到第一名」。

是啊！我不想讓孩子覺得他是我錯失冠軍的藉口，所以那一年還是拚到了冠軍。

一九九九那一年，衝第一名的動機更加明確了，因為我發願興建希望小學。為了這個有意義的目標，我必須更加努力，因此又衝到了第一。

二〇〇〇年，我在中國甘肅省寧靜縣捐贈的慕勤希望小學落成。那年六月，當我抵達那個資源匱乏的偏僻小鎮時，鎮上居民告訴我，這所學校是絲綢之路上方圓百里最美麗的建築。看到孩子們臉上露出的笑容，我覺得前一年衝到冠軍真是正確的決定。

當時已經拿冠軍拿了那麼多年，人生已到中年，希望小學也興建了，總該可以休息了吧？當然不行，主管又說話了：「以前每一年都第一名，那些年也就罷了；但是今年很特別，妳還是要拿第一。」是啊，那一年真的很特別，是千禧年耶，難道要讓二十一世紀的第一年變得黯淡無光嗎？無論如何都要拚個冠軍！所以，我還是繼續拿冠軍。

之後呢？當然，我的主管一定找得出激勵我拿冠軍的理由。

十八年的冠軍路，我的信念始終如一，越是困難的時候，越能感受到保險的重要。這是我責無旁貸的使命，我必須持續拜訪客戶，用我的勤勞來幫助更多人。

冠軍團隊的成員們。

慈悲喜捨的心境

在業務領域走過幾十個年頭，我一次又一次站上頒獎台。後來我成為教練，看著自己訓練的新人各有不同成就，時光就這樣飛逝而去。曾經擁有的輝煌已過去，明天又有另一批客戶需要我的服務，需要我的建議。

這麼多年來，經常有機會到各地演講，傳授業務經驗。許多新人也會很有禮貌地向我請益，想要學習我的業務技能。

但我始終認為，真心為客戶著想才是從事業務工作的初衷。業務技能固然很重要，建立「慈悲喜捨」的心態更是重要；唯有真正落實這四個字，才能將業務工作提升到另一層境界。

■

每天看著充滿朝氣的年輕業務員踏出辦公室衝刺業績，想要闖出一番成就，我對他們有著深深的期許，卻也知道他們少了一些人生歷練。

就像沒當過母親的女人，很難體會身為人母的那種慈愛。那是男女之情完全無法比擬的一種感情，也就是「慈心」。母親永遠會覺得，世界上最可愛的就是自己的孩子。

以慈心面對客戶，眼中展現的是一種同理心，一種對客戶的關懷。我看到你的需求，可以閉著眼睛想像：或許十年後的某一天，孩子正要讀中學，你卻因為身體不適被迫長期住院，可能充滿了焦慮無助。我看見了這樣的未來可能性，很想幫助你，而且現在就能幫助你。

抱著這種心念，我們把關愛傳達給客戶。然而，不是講幾句好聽的場面話就能發揮慈心，而是必須發自內心。世事洞明皆學問，人情練達即文章。我擔心年輕業務員少了這份「練達」，胸懷太多熱情，卻少了對客戶的體貼；他們有太多理想，卻沒有注入足夠的慈悲。

客戶批評你的保障規劃，你的內心可以自然想起：「也許他還是不懂，我必須更用心讓他瞭解。」客戶三番兩次拒絕你，你的想法卻是：「他一再忽視自己的問題，我不能輕易放棄。」若是哪天你會這樣想，相信你就會忘記業績這件事，業績反而會主動找上你。

我不是聖人，身為幾十年的業務工作者，我還是會經常關心團隊的各種數字。但我至少試著讓自己做到，跟客戶見面的當下，最重要的就是客戶「這個人」，客戶就是我最在意的對象。

當你有了慈心，跟配偶吵架後，就不會傷害彼此的感情；當你有了慈心，跟朋友理念相左時，也不會損害彼此的友誼。

我們面對的不是統計分析客體，而是有血有肉有感情的生命個體。不論他的身分是什麼，他就是你必須關懷的對象。

我們經常會感到難過，但通常只為「自己」難過。同樣地，宗教大師和偉大人物也經常感到難過，但他們不是為自己難過，而是為「眾生」難過，這就是他們令人景仰、受人尊敬的原因。

慈悲喜捨不是容易達成的境界，我自己也是年紀漸長才逐步有所體悟，而且還在學習中。

相較於「慈」，達到「悲」的境界就更不容易了。

在老天爺眼裡，我們都像襁褓中的小嬰兒，一天到晚哭啊哭啊，但是所有的「哭」都是為了自己。每個人終將長大，長大後想到的依然是自己：自卑、自怨、自嘆、自憐。碰到悲傷的事情時，只是想到自己，整個世界似乎只會繞著自己打轉，一片愁雲慘霧。這樣說吧，你就是在自我世界中興風作浪的那個人。

真正擁有「悲心」的人，反倒不會那麼悲。他們看到這世間有好多人受苦受難，相較於那些人，自己實在沒什麼可悲。大多數人只是關心自己，渴求別人的呵護與擁抱，擁有「悲心」反而會呵護並擁抱別人。

在情場被對方狠心拋棄，再怎麼痛哭流淚、顧影自憐，也不能改變現實。但是你可以想想，對方可能更可憐，因為他不懂得愛，這輩子終將遭受很大的打擊。

在商場被競爭對手用不道德手段欺騙，再怎麼傷心難過，也不需把自己包裝成無辜的落水狗。對方既然可以喪盡天良、危害別人，就一定會每天活在噩夢中。看到這樣的人，真的要同情他，不必計較太多，不要再上當就好。

能夠悲天憫人看到別人的苦，就是苦民所苦的有心人。只要你提供真心服務，就不會因為被拒絕、被否定而自怨自艾，反而會再接再厲幫助這些需要幫助的人。

接觸客戶時，你看到的是客戶的需求，還是他的荷包？當你能夠看到客戶每個決定、每個動作背後的匱乏與需求，就能展現出不同的格局，就像星雲大師的「三好運動」：存好心，說好話，做好事。

有句話是「喜新厭舊」，我想改成「**喜心念舊**」。其實「喜新」也不錯，至少有個喜歡的對象；但是「喜心」更好，永遠處於喜樂的心境中。

可惜大多數現代人都封閉了自己的心，覺得身邊沒什麼新鮮事，天天都不開心。其實不需如此，假如能擁有「喜心」，就算沒有新鮮事，也能「舊瓶裝新酒」，用全新的心境來看待日常生活中習以為常的事物。

身為資深業務人員，我早已熟稔公司內部的制度和產品，也非常明瞭人與人互動的分寸，更熟悉如何提出最契合客戶需求的對策。若是問我這些年學到最多的是什麼，那就是心境更成熟了。

唯有夠成熟，才會有「返老孩童」的時刻，流露出內心的童稚。我覺得自己就像孩子般童心未泯，看到什麼事都覺得很開心。例如搭飛機，雖然已搭了不下數百次，但每一次還是很喜歡打開窗罩，看著窗外的白雲。特別是最近這幾年，更是沉醉於雲海的變幻中，真的好美！就算天空中只有雲彩，卻永遠有不同的變化。

人生不也像窗外風景一直變化嗎？充滿了令人讚賞的驚嘆，卻又夾雜著驚天動地的風暴。

有時別人稱讚我：「明利姊，妳總是那麼漂亮！」我聽了都很開心。倒不是喜歡被拍馬屁，而是想要展現美好的一面，希望客戶看到我的時候，可以感受到我的喜悅。

其實，不一定要真正發生什麼好事，才能面露發自內心的笑容；只要你感恩身邊的每一件事，客戶也能感染到你的那份喜氣。

面對客戶時，你能讓客戶心情輕鬆愉快嗎？站在眾人面前，你能讓整個場面變得明亮嗎？刻意露出笑容無法塑造出這樣的氛圍，唯有「歡喜心」才能改變所處的環境。

的確，很多事情需要歲月的淬鍊，這麼高的境界不是一朝一夕就能達成。但是，你可以試著養成樂觀看世界的態度，小小的一件事就能讓你心情愉悅，恬靜安穩地進入夢鄉。

最近我常說的一句話就是：「今天是我一生中最快樂、最健康、最美麗、最年輕的一天，明天一早起來又老了一天，這一刻永遠是最棒的時刻！」

今天我很開心，你呢？

慈心可以養成，悲心能在歲月中體悟，喜心也能感知轉化，這些皆可用本體心念主動薰陶。唯有「捨」，不是要「得到」，而是要勇於放棄，不容易啊！

你我都是凡人，這個「凡」字裡面就是多了那麼一點。人啊，總是為了那「一點」而無法瀟灑。大家都說生不帶來、死不帶去，但是說歸說，真要你那麼豁達，你做得到嗎？

為什麼「捨」會排在「慈悲喜捨」這四個字的最後面呢？因為大多數人終其一生都很難達到這樣的境界。不要說很難達到，光是一件小事就可以讓許多人計較很久、煩惱很久了。

好比說上市場，花了二百元買了一把菜，後來卻聽說同樣一把菜在另一個攤位只要一百八十元。被佔便宜了，權益受損了，心情實在很不好，卻又不想為了二十元特地跑去找對方理論，結果落得整天悶悶不樂。

該說你貪嗎？也不是，你自認不是這種人，平常也很樂意做些慈善工作，但是那種「權益被侵犯」的感覺就是讓你不舒服。

說真的，這只是一件小事，卻可以搞得一個人整天壞心情，甚至因情緒不佳而變成壓力鍋，一不小心就跟家人吵起來，引發了連鎖效應。一個人不快樂引爆了一家人不快樂，然後又個別招惹了更多人。

科學上有所謂的「蝴蝶效應」：東半球一隻蝴蝶搧搧翅膀，可能會帶給西半球一場風暴。情緒上的蝴蝶效應更直接了：某個人丟了飯碗，可能就只是因為早上跟老婆吵架，把怨氣帶去公司，剛好老闆今天訓話，一衝動就公然頂嘴。那麼，老婆為什麼會跟他吵架呢？還不是因為去市場買菜買貴了二十元！就是這樣一件微不足道的小事引發了連鎖效應，害得老公失業。仔細想想，人生在世，還要為這種芝麻小事煩惱嗎？

捨，真的很難。或許有人可以超越錢關，做生意賠了幾百萬還是瀟灑地說「再賺就有了」。但是，錢關可過，情關過得了嗎？情關可過，情緒的關卡過得了嗎？

到手的金錢利益可以放下，到手的權位頭銜可以放下，但是你在乎別人忘恩負義嗎？如果在乎，就是放不下你對別人的恩情。你在乎功勞被其他人搶走嗎？如果在乎，就是放不下成功的光環。人生四個關卡：錢關、權、名、情，有人追求金錢，有人追求權力，揮一揮衣袖，不帶走一片雲彩，這樣的意境很美；然而，若是沒有任何觀眾欣賞這麼瀟灑的動作，你還願意這樣做嗎？

這就是「捨」，一種非常難以企及的境界。

有時候，業務夥伴向我哭訴他經營某位客戶很久，該說明的都說明了；客戶想要瞭解什麼，他也十分用心回答。但是，客戶最終還是不願跟他簽約，讓他實在很不甘心。

我問他不甘心的重點是什麼：不甘心自己白費工夫嗎？還是不甘心煮熟的鴨子飛了？仔細想想，他的不甘心其實就是悔恨自己判斷錯誤，「心疼」自己的每一次付出。

我又問他：有沒有提供專業建議給對方？當然有。有沒有讓對方更瞭解正確的保險觀念？當然有。你的出現有沒有讓對方真心接受？我覺得有。這樣還有什麼好遺憾、不甘心的呢？身為服務業，你已經服務到對方，已經提供了知識、觀念與真心；既然已經盡力了，也因此多了一次經驗，就要放下。

對方不買保險，也許是因為資金不夠，哪天他的資金充足了，可能會回頭找你。對方不買保險，也許是因為跟別人買了，雖然是由別人來服務，他還是會感謝你的分享。

這世上最需要懂得「捨」的，應該就是業務人員。

我曾經向某位客戶講解一種最新型態的保單，這位客戶擁有相當多資產，在銀行也有專屬理專。簡報後隔天，客戶就跟他的理專聊起這張保單，理專的第一反應就是要搶走這筆生意。

「張董啊！我們銀行就可以幫您規劃保單了，您不知道嗎？那家保險公司可以做的，我們通通做得到。」

「可是，人家是專業保險公司。」

「唉呀！誰說他們專業，銀行才是最專業。我們可以整合配置您的資產，保險公司可以嗎？他們只能銷售保單，我們可以結合基金理財、房屋貸款、保險養老，綜合評估且一次搞定。只要面對單一窗口，就能完美處理所有理財事務，何必還要找保險公司呢？」

結果，那位理專完全不需費心思考，就把我誠心為張董量身訂製的分析報告全盤抄走。我提出什麼建議，他就一併照抄，稍稍更動我的計劃書就變成他自己的。

第三天跟張董見面時，張董終究有些不好意思，雖說感謝我的辛苦說明，但還是決定這回不合作了。細問之下，他也承認自己的銀行就提供了這樣的服務。

我真心誠意地問他：「張董，您覺得不懂得主動為您服務、只會撿現成的人可以服務您多久？」

張董面有難色，因為他已經答應銀行理專了。於是我說：「張董，我不會讓您為難，不要擔心。這樣吧，我們還是朋友，您不必做我的生意，但是站在朋友的立場，讓我幫您檢視銀行的計劃書，可以嗎？」

張董點頭說好，讓我幫他檢視了整份計劃書。我看到一些不合理的地方，提醒他要注意。

隔天張董又把這些意見轉達給理專，這位理專一副「恍然大悟」的樣子，當場修改計劃書。可是，被點到問題才臨時抱佛腳的理專值得信賴嗎？無奈張董心意已決，還是想跟理專合作。一開始，我的確還是有些不甘心，辛苦分析的報告竟然淪為別人的工具，但最終我還是那句老話：「希望您要注意以後的一些細節。」

張董已經鐵了心要向銀行投保，其實我早就「捨」了，內心不會把張董當成「煮熟的鴨子」，更不會因為生意談不成就跟張董翻臉。我告訴他：「既然如此，您就跟他買吧，我們還是好朋友。」

後來，銀行保單的某些條款果然跟張董的認知有些落差，因而衍生了一些不愉快。最後張董對我說：「想想還是跟妳買比較放心。」

如果當初我放不下，讓張董覺得生意做不成連朋友都沒得做，也許就不會贏回他的信任了。

「捨」的反面不是「給」，而是給出去不求報償；
愛一個人若是希望對方給你同等的愛，就不是真愛。
能屈能伸，能捨能放，才是最高境界。

歲月會淬鍊出成熟，我很感恩上天給我很多試煉，也真心體悟上天給我的指引。

年輕時，我倚賴勤奮與真心去推廣業務，但那樣的真心主要是對自己負責，可能少了對客戶的體諒。越來越成熟之後，我對客戶的看法也漸漸有了不同的境界。

客戶對我不友善時，我覺得客戶一定是遇到某些困難，內心很苦悶，充滿了火氣。因此，我一點都不會感到委屈，因為他們背負的責任與苦難可能非常龐大，大到我都幫不上忙。

同樣地，成交了一個案子，一定會表現出「喜」；但是我必須時時提醒自己，「喜」字一不小心就會變成「貪」。貪必有所求，有所求就會被限制，一旦不如預期就會不快樂。**以「貪」為基礎的「喜」，絕對不是真正的喜。**

從事保險服務超過三十年，若以貪為基礎，絕對無法維持那麼長久的動力。有了貪念，心就會往外偏，最後連自己變了都不知道。很多成功業務員最後都變了，貪念讓他們逐漸忘了初衷，實在很可惜。

現在的我會時時提醒自己，必須保有慈悲喜捨的心境，這已經是一種習慣了。我要學習的功課還很多，但我很珍惜這樣的學習；畢竟，成長是人生的一門功課，也是一種福氣。

尋找團隊夥伴時，我總是會問對方，知道自己要做什麼嗎？來到這家公司是要「找工作」，還是來「做事情」呢？

若是要找工作，那就公事公辦，我會說明公司的薪資制度、福利保障、業績標準、勞基規範等等；若是來做事情，可以談得就很多了。

事情、事情，做「事」自然會有「情」。情感進來了，接下來就是種種人際關係。

抱著公事公辦的態度拜訪客戶，在你眼中，客戶代表的只是業績指標，只是個人成就的某個數字。當然，這不代表你不會負責，但頂多就是一切照規定。遇上意外理賠，若檢驗報告說是重病身亡，不屬於意外，那就不理賠；談到加強保障，就看客戶有多少預算，有哪些需求。

然而，抱著「做事情」的態度就不一樣了。你會替客戶擔心，會為了追求更好的服務而盡心，也會發現自己的不足然後努力學習。這無關乎薪水，更無關上級命令，而是你知道還要提升自己，自然就會努力學習。

當你自己越來越提升了，你所做的事情就會變成一種「專業」。

漢字非常有意思，這個「業」字大有學問。業，就是要挑戰困難，如果不能突破，就是碰到「業障」。從一個人是做好被交辦的「工作」，或是突破困難去成就「專業」，就能看出他的人生格局。

從小到大，媽媽教我的都是傳統女人的三從四德；當我在演藝圈面臨少女轉型期的尷尬時，媽媽沒有能力和知識告訴我下一步該怎麼走。其實，當時曾經有機會跟香港邵氏簽約八年，也有機會跟日本寶塚舞蹈學院簽約

十五年，因為我有很好的舞蹈基礎，這些都是我在演藝圈大放異彩的寶貴機會。

但我選擇放棄，因為有很多事情是當時的我不明白的。我覺得十五年好長啊！當時才十三歲，感覺二十八歲已經很老了，而且家裡的經濟能力無法讓媽媽陪我一起去，

我必須一個人住宿舍。更讓我排斥的是，拍電影就要拍吻戲，甚至還可能要拍床戲，這些我都不要！

當時沒人告訴我什麼是「專業」，沒有具備專業的人帶領我，所以我放棄了演藝圈許多更好的發展機會。對我而言，演戲雖然很容易，卻不是專業，我從沒搞清楚這個行業應該做的事情。假如當初有人告訴我演藝事業的「專業」是什麼，我一定會有很大的發展。

專業就是「專」一個行業的業障、挑戰與困難。身為護理師，不能不幫病人洗澡、把屎把尿，那個行業必須面對的好壞都要概括承受，徹底執行所需的一切，沒有商量餘地，這才叫專業。「做事情」很煩人，「做專業」就是義無反顧。

每個行業都有各自的業障。護理師每天要伴隨著各種病菌、生老病死與負面能量，還要忍受脾氣不好的病人，這就是他們的「業」。但是，他們可以用專業為他人創造幸福，病人病癒出院後，家屬也會誠心道謝。

很多人羨慕螢光幕上的明星，覺得他們光鮮亮麗，享受富豪般的生活；不過，當我們羨慕他們時，必須先問問自己，若是有機會跟他們交換，你有能力做到他們正在做的事情嗎？例如你羨慕成龍享有極大的光環，但若是要你跟成龍一樣，拍戲時一絲不掛，只能拿個水瓢在身體前方遮掩，然後光著身體在巴西某個擁有五千攤位的市集內奔跑，你做得來嗎？如果做不到，就不要羨慕別人的事業，回頭專心做好自己的事業！

看到事業有成的企業家時，別羨慕他們日進斗金，也別羨慕他們的鉅額存款，而是先看看他們身上背負著多麼大的責任。經營事業的過程中，他們要面對各種險惡，也要周轉資金，還要調度進出貨、開發新客戶，更要處理擾人的勞資糾紛，你有辦法一一克服這些挑戰，在商場上脫穎而出嗎？

華人經常說「大業千秋」，這個「業」真是任重道遠。明知肩上的責任很重，甚至吃力不討好，仍堅持要走那條路，那就不只是事業，而是志業了。

不論選擇哪個行業，都必須克服那個行業的業障，方能大業千秋。

■ 追求成功並不容易，但我覺得，「堅守失敗」其實更難。

成功是一種習慣，當你習慣了，想要回頭過著那種「得過且過、一遇狀況就放棄」的生活，反倒變得無法想像。

想要把成功變成一種習慣，需要長時間累積，因為成功絕對不是膚淺的表象。一個學生很會背書，很會猜題，很會考試，雖然拿到好成績，卻不明其義，這樣算是「成功」嗎？

同樣地，從事任何工作，若只是硬撐出主管要求的結果，卻不是衷心喜歡這份工作，肯定會活得很辛苦。就算「撐」出一、兩次好成績，那也不是自然而然的，不自然的事情就無法持久，無法持久就不會變成習慣。

我追求成功，努力把成功變成一種習慣；養成習慣之後，就能達到「隨心隨性隨緣」的境界。

那是什麼樣的境界呢？簡而言之，就是孔子所說的「七十而從心所欲不踰矩」的境界，是一種歲月累積出來的人生智慧。

想做什麼就做什麼，這就是「隨心」。

「隨心」很容易嗎？一點都不容易。當你想要這樣做、公司卻要你那樣做，你的內心就會非常煎熬。當你想要偷懶、老闆卻要你工作，你就會心不在焉，這樣一點都不隨心。

如何隨著自己的心意，別人不必擔心你會偷懶，依然相信你就是有辦法達成好結果呢？這來自於長期養成的正面習慣。

例如，我可能想去按摩就去按摩，但是對我而言，就算去按摩，很可能隔壁床的客人下一秒就變成我的客戶。只要擁有足夠的專業與熱誠，任何地方都能從事我的志業，這就是「隨心」。

至於「隨性」，就是隨著興趣而發展。你可以想要登山，也可以想要作畫，每一件事都能隨性，卻都記得自己的初衷。

像我喜歡作畫，特別去找老師學習，結果發現作畫有助平息焦躁的情緒。我覺得這是好事，可以分享給我的客戶，因為這位客戶有三高症狀，陪她作畫有助於她的健康，而我的初衷就是透過保險事業幫助更多人。

有時我也喜歡大清早去公園慢跑，逐漸交了幾個志同道合、天天見面的晨跑朋友。雖然我沒有特別要銷售保單，但是基於共同的興趣，基於對身體健康的共同關心，後來他們也都成為我的客戶。

只要有心，隨性做事也能為工作帶來良性的發展。

說到「隨緣」，那就是更高的境界了。隨心隨性的主體是自己，隨緣則是老天的安排，天時、地利、人和缺一不可，關鍵仍在自己。

原本要搭機回新加坡，卻碰到班機延誤，那就順應緣分改變行程，這天就留在當地多見一些朋友吧！或者放自己一天假，到處走走散散心，感受當地風土民情，說不定逛街時就有接觸準客戶的機會。

高級房車不論停放在新加坡或深圳，甚至停放在台北，只要車子的本質不變，停放在哪裡都是一輛好車。可是，假如一輛車子放在甲地是好車，到了乙地卻變成爛車，這輛車子的本質就有問題。

若是沒認清自己的本質，一旦環境改變、外在條件也改變，人就會跟著變了。

平常穿著正式服裝坐在客戶的辦公室，打開保障計劃書就能詳細解說，難道假日穿著休閒服在度假村遇到潛在客戶就無法侃侃而談？難道那時候心裡會想著我正在休假不想談工作？

為何那時不想談？是因為根本不喜歡這份工作，只是為了生計勉強自己？若是如此，活著就很累了。

我們不該活得那麼累，應該**熱愛自己的工作**，把自己的工作變成一種專業。看待自身事業的最高境界就是「隨心隨性隨緣」，隨時隨地都能展現自己，時時時刻記得自己的專業。

緣分是上天給的習題，不要害怕解答它，隨緣就有好風景。

■

一位閨蜜告訴我，她印象中學會的第一道菜是「滷肉」。在新加坡住了這麼多年，滷肉一直是她的「外交大臣」，連平時不愛吃豬肉的朋友也絕對不會錯過她的滷肉燥。

肉燥要滷到好吃，就絕對不能偷懶，一定要親手切出五花肉條，因為自己切才能掌控油脂的比例。然後再把肉條熬煮到軟透，將油脂和肉香全逼出來，這樣滷出來的肉燥才會油而不膩。

做菜只是家庭主婦的日常小事，做得好並不會因此得獎；做得普通點，客人一樣吃得津津有味。或許客人不知道她花了多少功夫熬煮，也不知道她花了多少心思構想，但只要用心將滷肉做好，最後賓主盡歡，一切就值得了。

因此，這位閨蜜對我說：「人生也是如此，我們的盡心付出與用心準備或許無法被人看見，卻會散發出芬芳的香味，吸引更多人靠近。」

我經常去世界各地演講，許多人認為我是名人，肯定過著貴婦般的生活，出入必定有司機保鑣那種排場。

其實我只是個平凡人，真心誠意過生活，星期天喜歡跟先生孩子上市場買菜，也經常在市井小民用餐的自助餐店吃飯。

我不以貌取人，不以財交友，身邊總是有許多重情重義的好友。

有時我一個人去市場買東西，不論是賣水果、賣叉燒、賣魚的攤商，還是賣鮮花、賣素食的攤商，都會向我問好。他們總是幫我挑菜，問我有沒有特別想要的，省去我等待的時間。有些還會半買半送，甚至擔心我拿不動，直接把貨物拿到我車上。許多東西我都不用挑，他們會告訴我什麼是最新鮮的，什麼是最好的。

並非因為我是名人，他們就給我特殊待遇。長久以來，我總是充滿笑容又有禮貌地對待別人，才會跟別人產生溫馨的互動。我們必須先學會尊重別人，別人才會尊重我們，在生活中各個領域都是如此。

在我演講後，經常會有熱情的聽眾對我說：「明利姊，我們一直很喜歡妳。雖然妳是保險天后，卻還是保有純真笑容。」

人與人相處就像是照鏡子，對著鏡中人笑，鏡中人也會對著你笑；對著鏡中人哭，鏡中人也會對著你哭。每一天我們都要用正面的心境面對所有人。

「無論走到哪裡，無論天氣多麼壞，記得帶上你自己的陽光。」這句話不僅富有哲理，更是振聾發聵的人生座右銘。若是希望陽光灑遍在你身上，別忘了先把自己的陽光帶給別人！

圓滿 恩怨無情

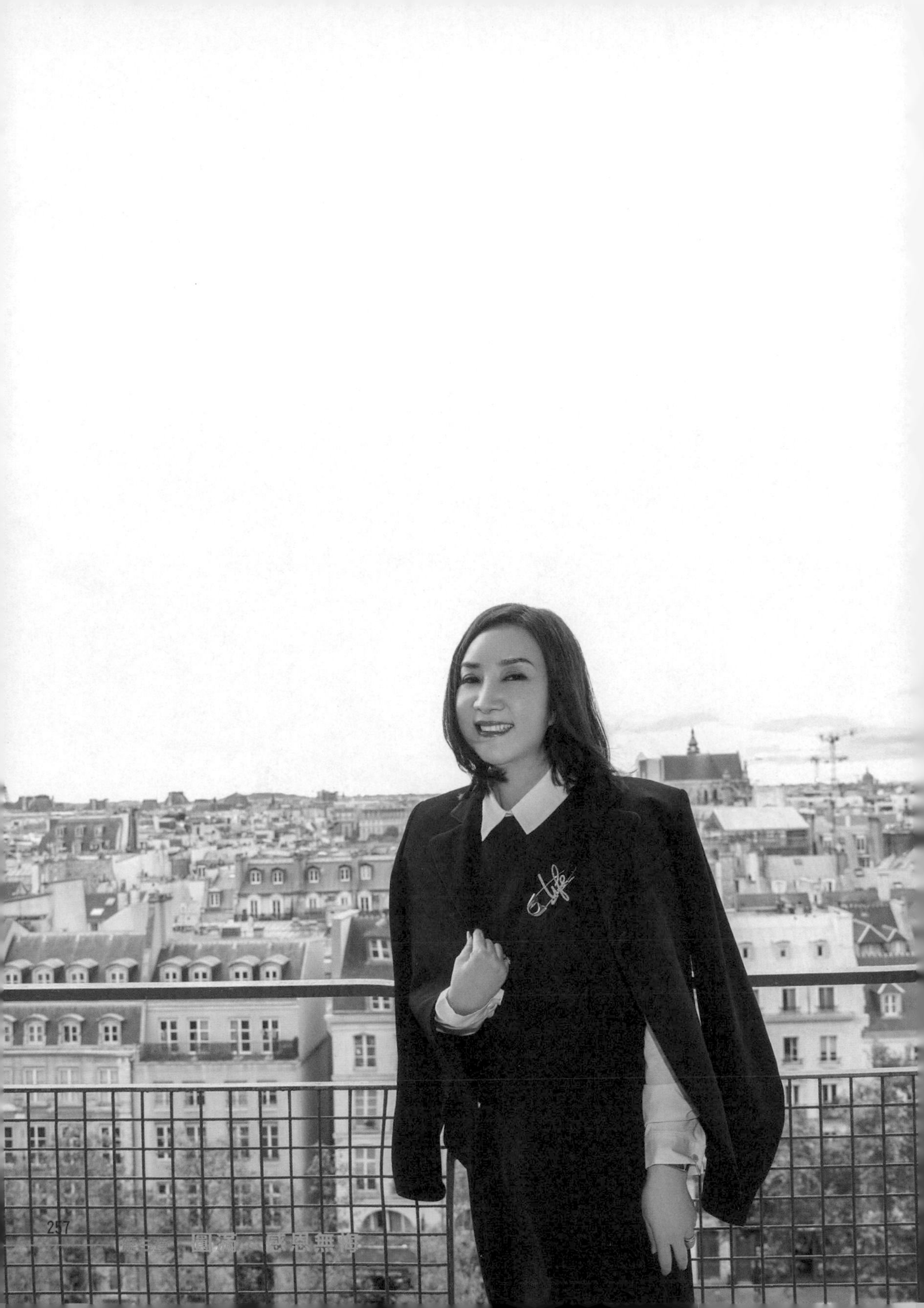

跋語：
囬到初心

神魔小說《封神演義》中，有一段「比干剖心」的故事令我印象非常深刻：

比干是紂王的三大忠臣之一，經常苦諫紂王，無奈忠言逆耳，紂王根本聽不進去，愈發暴虐無道。

紂王非常寵愛妲己，他跟妲己登上剛完工的鹿台，妲己特別找了狐子狐孫化身為神仙，營造眾神降臨鹿台之感。紂王見到神仙降臨，龍心大悅，隨侍在旁的比干卻覺得狐狸騷味臭不可聞，於是派人尾隨狐狸精回巢，放火燒毀了狐狸窩，剝了狐狸皮，製成皮襖獻給紂王。

比干燒毀狐狸窩，讓妲己恨之入骨，於是妲己開始裝病，告訴紂王必須吃到珍奇心臟「七竅玲瓏心」才能治癒。她又讓九頭雉雞精化為自己的義妹前去稟告紂王，整個宮內就只有比干的心是七竅玲瓏心。紂王下令比干挖出心臟為妲己治病，比干自知大禍臨頭，想起姜子牙曾經給他一帖神符，喝下符水就能保護五臟六腑；剖出心臟之後，只要堅定不懷疑自己已是無心之人，就能逃過死劫。不過妲己算知，只要破除比干堅信之心，讓比干有所懷疑，就能置比干於死地。

比干剖心後，在路上聽見一位老婦叫賣無心菜。他覺得很奇怪，世上怎麼會有無心菜，於是問賣菜老婦：「世上可有無心菜？人若是無心，如何？」結果老婦回答：「人若無心，即死。」比干一聽，堅信之心開始動搖，當場血流如注，一命嗚呼。

現實生活中若是沒了心臟，當然就活不了。然而，一個人若是「無心」，甚至「找不到初心」，縱然可以活得好好的，卻會如同行屍走肉渾渾噩噩，找不到人生的方向；如此一來，跟死去又有什麼兩樣呢？

■

從事保險事業、服務客戶超過三十載，我始終不曾懈怠，也總是忠於職守，幾十年來從不更換跑道。別人問我為何能如此堅定不移地走在自己的道路上，我總是告訴他們，因為我「不忘初心」；而這個「初心」，就是我做人做事的根本。

很多事情的出發點都是好的，最後卻往往變質了，忘記當初所為何來。

曾有一位客戶第一次見面時就直截了當告訴我，他是個不買保險的人，叫我不要多費唇舌。

這位客戶跟太太勤儉持家、勤奮工作，一個人在中國，一個身在台灣。夫妻分隔兩地所為何來？不外是為了家庭，供孩子在國外念書。

我告訴他，我沒有一定要賣他保險，只是出於關懷跟他聊聊人生。

「當初為什麼要送孩子出國讀書？為何願意忍受夫妻分隔兩地？知道自己現在是為誰辛苦為誰忙嗎？」

「假如夫妻想要共同經營美麗的家庭，卻大半時候不能見面；假如父母希望孩子擁有更美好的未來，卻換得孩子遠赴他鄉、離鄉背井，這樣的人生所為何來？」

「現在一家人的日子都過得好好的，但是天有不測風雲，如果哪一天某個人身體不適無法工作，另一半卻遠在異鄉，孩子也不在身邊，當生命中最大的危機來臨時，銀行還有多少存款可以應付？整個家庭的未來會不會因此被打亂？」

很多時候，人生都是從忙碌到盲目，最後到茫然；忙到後來都忘了自己為何而忙，忘了什麼是人生最重要的，也忘了時間會消逝、家人會變老。

黎巴嫩詩人紀伯倫說：「我們已經走得太遠，以至於忘了為什麼出發。」忘記初心，會讓我們走得十分茫然；忘記初心，也會讓我們不知為何而來。我們必須常常回首來時路，想想當初為什麼出發；必須時時回到起點，醞釀從頭開始的勇氣。

不忘初衷，守住最真誠的自己。有些事情一旦錯過了，就永遠回不去；你的初心一旦遺忘了，就永遠迷失方向。不論工作多麼忙碌，都要常常靜下心來想想自己的初心。唯有找回初心，才能以全新思維重新出發。

多年來，我領悟出一種www.com的人生，只要經常思索人生最重要的三個W，就很容易幫自己找回初心。這三個W是Who、What和Why。

靜謐沉思自己是「誰」，這是非常重要的事情。不知道自己是誰，就找不到出發的原點；找不到出發的原點，就會像熱鍋上的螞蟻盲目亂竄。

瞭解自己是誰之後，還要思考自己要「什麼」、相信「什麼」。知道自己是誰，瞭解自己要什麼，就能做出正確的決策，創造自我的價值。

當然，我們也要捫心自問：「為什麼」是我？「為什麼」成功或失敗都是我？更要問自己：「為什麼」會來到這裡？沒有明確的目的，就會忘記當初的決定。

最後我們必須問自己要去哪裡，沒有目標的旅程，最終留下的只有迷失與茫然。

■

我不曾忘記自己的「初心」。

先生在不丹受重傷時，那位揹著孩子的母親在醫院長廊上不停地走動，就為了安撫因病痛而嚎啕大哭的孩子，從深夜到天明。這一幕深深深地留在我的腦海中，讓我切身感受到困苦無助時的焦慮與絕望。

我擁有成功的事業，具備足夠的專業，現在必須投身助人的志業，方

捐贈給不丹的救護車都有法王加持之後再投入使用並在救護車上都會印“Gifted by HH”的字樣，幫助患者們看了之後，心理上又是多了一重力量。

能千秋大業。前兩段人生都是為了別人，所累積的經驗與智慧就是為了第三段人生。

第三段人生是「感恩無悔」，從先生受重傷的那一刻起，我就知道我的第三段人生開始了。從那一天起，我也知道上天給我的功課是什麼：

首先，我希望完善不丹的一些醫療設施，幫助更多需要幫助的人。

其次，二〇〇三年之前，我們已經在中國建造了四所希望小學，也在柬埔寨建立了一所技能學校，日後希望有機會持續建造更多學校。

第三，我要持續巡迴上課演講，鼓勵更多保險從業人員，改變大家的人生。透過我的人生故事，我希望影響更多人，協助更多人瞭解保險就是「愛與責任」。一顆心臟有兩個心房兩個心室，加起來共四個；同樣地，健康的心就是完整保險的快樂心。只要心裡有人壽、意外、住院和重病四種保險，面對人生的四門大砲時，就能保護自

己和家人避免遭受最大的傷害。

■

《借衣公主》在一九九六年出版後，一直到二〇〇三年，我持續受邀到中國演講。許多中國保險同業朋友告訴我，他們因為看我的書、聽我的演講而多所成長。

印象最深刻的是二〇〇三年參加美國百萬圓桌會議的時候，兩位來自中國的女孩在大會上遇到我，抱著我痛哭不已。我不認識她們，於是問她們發生了什麼事。

她們告訴我：「明利姊，二〇〇二年我們剛加入保險業時，三個月內一張保單都賣不出去。二〇〇二年三月聽了您的演講後，我們在九個月內就達成百萬圓桌資格。我們告訴自己，一定要來美國參加百萬圓桌年度大會，親自告訴您我們在九個月內達成了百萬圓桌資格，而且要分享我們的開心給您，現在終於見到您了！我們都將您的書放在公事包，只要遇到困難，就會打開您的書看看您是怎麼解決的。是您改變了我們的一生，改變了我們對保險的看法！」我真的好希望找到這兩個女孩，也要深深地祝福他們倆位。

截至目前為止，仍有許多中國的壽險從業人員在搜尋這本書，問我還能不能買到，這也是我後來重印這本書送給有緣人的原因。

《借衣公主》促使我在一九九六年至二〇〇三年數度受邀到中國演講，分享我的保險經驗。許多朋友告訴我，我的精神更加堅定了他們對保險助人的信念。可惜的是，新加坡金融管理局在二〇〇〇年施行了一些改革措施，也讓保險業產生了一些變化。後來發生九一一事件，接著是二〇〇三年SARS造成大環境劇烈轉變，再加上我也

江波帶領團隊來新加坡拜訪我，告訴我它終於實現夢想就是設定目標與我面對面。

開始帶團隊，從此就沒有再接受邀請去中國演講了。

閱讀台灣的保險雜誌時，得知台灣二〇一七年畢業的財金保險系所畢業生中，七成以上持有一點九張證照，這是一種好現象，年輕人打造自己的專業絕對是好的開始。而截至目前為止，中國已經有超過九百萬名保險從業人員，他們要服務將近十四億人口。我深深相信保險是救命的事業，希望我的著作和演講能將正確的心態傳授給更多從業人員。

我要鼓勵投入這個產業的所有從業人員　或者是你認知自己就是生命的最佳銷售代表，您要堅持做對的事情堅持自己的夢想，不論時代如何轉變、電腦網路如何發達，誠信與承諾在任何行業都是必備的基本條件。從事銷售工作絕不能只是想著如何銷售，更重要的是具備高度專業，做好後續的服務。一句承諾，信守一生，這是一份利人、利己、利眾生的事業。

現代社會單親媽媽越來越多了，她們都非常辛苦，而且「媽媽」這個角色原本就是一種人世間的修行。保險事業既能讓這些單親媽媽賺取足夠的收入，又能讓她們擁有靈活彈性的時間照顧家人。我想要鼓勵她們投入保險事業，幫助她們更加正面積極面對自己的人生。

■

三十多年前，當我負債累累的時候，為了幫我還掉部分債務，媽媽把我出嫁前買給她的房子賣了出去，失去了安頓之所，這件事讓我非常愧疚、耿耿於懷。

非常非常非常多年後，我突然想回去看看那間被賣掉的房子。當我回到故居按下門鈴時，開門迎接的女主人愣了好一會兒，然後略帶激動地告訴我，她終於等到我了。

三十多年來，購買這間房子的夫婦一直期待看到我回到故居，因為他們倆都是我的影迷。當年他們知道購買的房子是我名下的房子時，就決定不要變更水電單上的名字，我的名字一直保留到現在。女主人告訴我，他們殷殷盼望我回去看房子，可惜她先生過世了，如果早個兩、三年，她先生還在世，一定會很開心看到我。

聽到她這樣說，我很感動，也覺得遺憾。

我的人生過盡千帆、撥雲見月，終至感恩無悔。

一切的一切，都值得我向每一位好心人說一聲謝謝。

最後，回到初心，人生彷彿初始。經歷了跌宕起伏的人生百態，看多了人情世故，

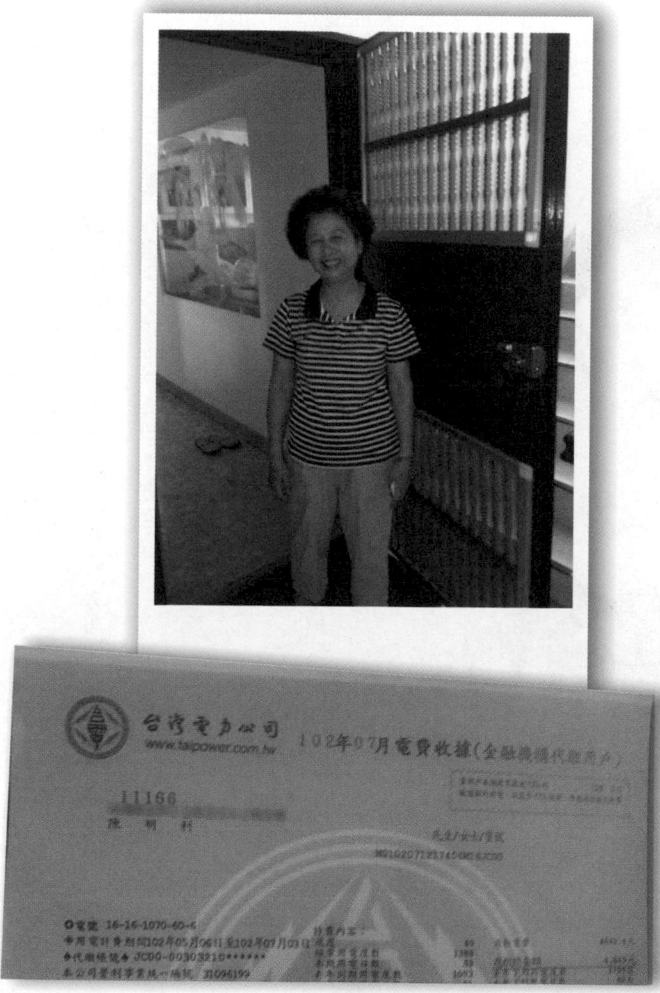

女主人一直保持水電帳單，直到今天，還是我的名字。

我一直努力向善，也經常告訴自己：「一切都是最好的安排，每個人的出現，好也罷、壞也罷，都成就了現在的我。」別人的生活是一輩子，我這一世的人生是三輩子的體驗。

願你走出半生，年少初心還在。

願你耄耋之年歸來，仍然有愛可依。

陳明利的獎項

全公司金融服務顧問第一名

一九八五年，一九八八年，一九八九年，一九九〇年，一九九一年，一九九二年
一九九三年，一九九四年，一九九五年，一九九六年，一九九七年，一九九九年

區域金融服務顧問第一名

一九八五年，一九八七年，一九八八年，一九八九年，一九九〇年，一九九一年
一九九二年，一九九三年，一九九四年，一九九五年，一九九六年，一九九七年
一九九八年，一九九九年，二〇〇〇年，二〇〇一年，二〇〇三年，二〇〇四年

■百萬圓桌會會員資格34年

紅字部份為百萬圓桌暨TOT頂尖會員資格達成30年

一九八四年，一九八五年，一九八六年，一九八七年，一九八八年，一九八九年
一九九〇年，一九九一年，一九九二年，一九九三年，一九九四年，一九九五年
一九九六年，一九九七年，一九九八年，一九九九年，二〇〇〇年，二〇〇一年
二〇〇二年，二〇〇三年，二〇〇四年，二〇〇五年，二〇〇六年，二〇〇七年
二〇〇八年，二〇〇九年，二〇一〇年，二〇一一年，二〇一二年，二〇一三年
二〇一四年，二〇一五年，二〇一六年，二〇一七年

■百夫隊長創會第一會員

一九九四年，一九九五年，一九九六年，一九九七年，一九九八年，一九九九年

二〇〇〇年，二〇〇一年，二〇〇二年，二〇〇三年，二〇〇四年，二〇〇五年
二〇〇六年，二〇〇七年，二〇〇八年，二〇〇九年，二〇一〇年，二〇一一年
二〇一二年，二〇一三年，二〇一四年，二〇一五年，二〇一六年，二〇一七年

照片花絮

童年與演藝生涯

左起：我的姊姊，關中（關之琳的父親）

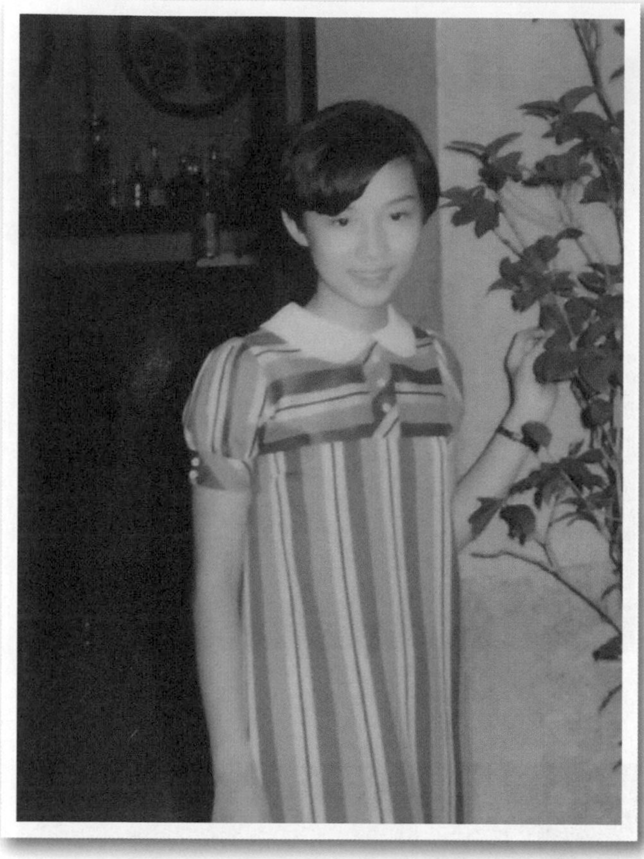

www.997788.com 中国收藏热线
STEREO
TONY 東尼機構 TONY
TONY-560A
Chen Ming Li Vol 2
又見溜溜的她
陳明利
午後的雷雨•與我同行•四季紅
時代樂大樂隊伴奏
℗© 1981 TONY WONG COMPANY (PTE) LTD.
ALL RIGHTS RESERVED
A

得獎照片

Asia Trusted Life Agents
&
Advisers Awards

Trigger Express Victory – Queen Elizabeth Cup (June 08)

从低谷中再攀巅峰

财经特写

摔进了深山低谷

Paris '89
THE SUMMIT CLU
THE SUMMIT CLUB
EVERLASTING
AIA
17th CONVENTION
PARIS
1989

UTD.COM
AIG
AIG
AIG
BARCLAYS
PRT ~ Old Trafford, Manchester (Jan '08)

A FEATURE BROUGHT TO YOU BY AIA

Touching lives: The gift that keeps on giving

As one of AIA's most prominent couples, Rayner Lee and Mary Chen have become a mainstay on the MDRT. More importantly, they have touched countless lives with their hard work, generosity and sincerity.

"Insurance isn't something that you can see, feel or touch – until reality strikes."

PRESIDENT

微坊所对居民日常生活所造成的不便，以及拆除后土地的发展，受到居民关注。（叶振忠摄）

惠，并索取全额退款。这一纠纷以本月7日政府宣布重新为该地段进行招标，让它恢复原本的华族庙宇用途而暂告一段落。

受访居民不赞同建住宅

针对芬微坊地段日后兴建住宅项目，受访居民都表示不赞同。

凌宜（33岁，广告业人员）与家人搬到盛港西已超过三年，她认为该地段应该用来建设能为民众带来便利的设施。凌宜说：“如果能开辟一个公园，那会很好。不过如果要建的是高楼住宅，那太令人失望了。”

刚在三个月前搬到盛港西一带的余秀珍（69岁，退休人士）也对该区在公共设施和活动场所等方面的缺乏表示不悦。她说：“建设住宅项目的做法不太理智。社区里需要更多能促进居民交流的场所，在人与人之间显得这么生疏的年代里这显得太重要了。”

文化、社区及青年部长兼通讯及新闻部第二部长黄循财（左五）昨晚在公益金金禧慈善音乐会上与台湾歌手娃娃（左四）、本地歌手陈伟联（左三）、社会及家庭发展部兼文化、社区及青年部政务次长刘燕玲（左二）等嘉宾合唱《城里的月光》。（陈渊庄摄）

慈善音乐会筹得百万元　助弱势群体改善生活

昨天举办的公益金金禧慈善音乐会筹得超过一百万元善款，这笔款项将用于帮助弱势群体，改善他们的生活。

公众的善心捐款在关怀与分享行动（Care & Share Movement）下将获得政府一元对一元的捐款支持，为弱势群体带来双倍的资助。

文化、社区及青年部长兼通讯及新闻部第二部长黄循财昨天出席这场在新加坡华乐团音乐厅的音乐会，并与现场嘉宾合唱《城里的月光》。

台湾歌手娃娃（金智娟）与本地歌手陈伟联是慈善音乐会的表演嘉宾，他们也带来多首脍炙人口的歌曲。

在驻团指挥郭勇德先生的领导下，新加坡华乐团呈献精心编谱的新港台电视剧主题曲联奏和邓丽君金曲联奏。

娃娃受访时说：“我们一生中有各种各样的需要，例如我自己将来也会老。人不可能什么事情都不依靠别人就可以走完一生，所以人一定要彼此帮助。我觉得只要是有机会，只要是可以帮助到别人，我就会尽力参与。”

国大增老年医学科内容
学生对年长病患更了解

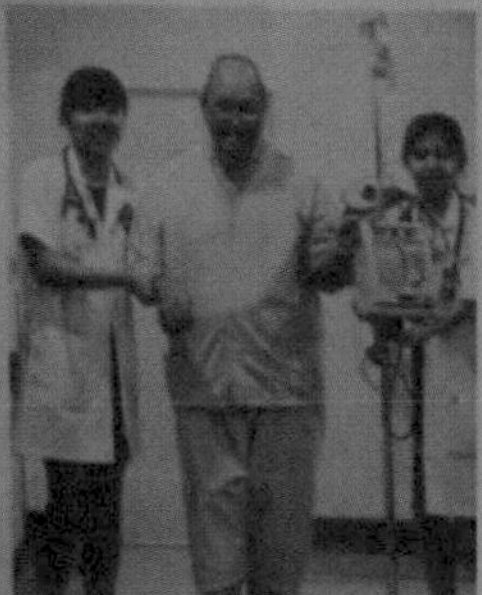

（胡洁梅报道）顺应社会人口老龄化的需求，新加坡国立大学杨潞龄医学院增加老年医学科的教学内容，并更系统化地将内容融入五年的医学院课程，让学生提早接触老年医学科，希望他们能更有意识地了解年长病患所面对的问题。

国大杨潞龄医学院在调整课程内容前，教学大纲未有专针对老年医学科（geriatric）的特定单元。

……所进步。

国大杨潞龄医学院医学系副教授瑞斯玛（Reshma Merchant）受访时指出，以各个国家的医学院来看，设有老年医学科教学单元的学府不多，国大杨潞龄医学院相信是东南亚第一所专推出老年医学科单元的学府。

她指出，国大的医学教育过去以来其实都涵盖老年医学内容，只

希望工程
PROJECT HOPE
捐赠纪念
DONATION COMMEMORATION
爱心托起明天的太阳
LOVING HEARTS SUPPORTING
THE COMING GENERATION
名誉会长
Honorary President WANLI
中国青少年发展基金会
CHINA YOUTH DEVELOPMENT FOUNDATION

平安行销
PING AN XING XIAO
一九九六·第五期·
首届寿险精英高峰会议特辑

请播下好种子
各位嘉宾、各位平安的寿险伙伴：
大家好！

工作的时间里绝对是心无旁骛的，做自己该做的事。有的业务员这个月生意稍微好一点，就要放松一下，一晃月底到了，该出业绩了，又要急匆匆地出去补业绩。大家都知道抽水机，水还没出来的时候，不知道要按多少时间，水才会出来；当水出来以后，你不要花多少功夫，只要照着那个步伐，按照那个力量，不停地压，水就会源源不断地流出来。所以，一个好的习惯，就好比把手按在抽水机上，不要放，水终究是会出来的。

当你有一个好的习惯以后，你**要养成一个好的人格**。我有一个客户介绍了一对夫妻给我，结果给另一个公司的业务员抢走了，在他那里买了保险，并且需要加费，这对夫妻就想退保。我想：人家业务员做了许多工作，真退保的话，心情一定不好受，于是我告诉他们：在别的公司一样要加费的，还送他们回饭店。我的客户很是不解，说：你怎么这样笨呀，我都让他们退了，你还帮他！我说，将心比心，如果一个业务员把一万保费交给经理，没过两个小时，又说要退费了，心里该多难受呀！谁知过了半个小时，这对夫妇说，明莉人真好，咱们买了一万保险以后，还有多余的钱，可以再跟我买两份。所以说，不一定要牺牲别人，你才能够得到好处。

有了好的人格以后，就会有好的命运。命运是自己挣的，怎么样让自己有一个好的命运，完全靠自己，就好像我当初加盟保险公司的时候，我从没有想到过我能够有今天，能到全世界那么多的国家，能在这个行业中赚到这么多钱，现在，钱都不重要了，我认为能够跟伙伴们分享我的经验，能够让更多的家庭得到保障，还有参加 MDRT 才是最重要的。当我第一次参加 MDRT 时，很多的钱对我来说已不再刺激，我遇见一个 70 多岁的老先生，做保险做了 50 多年，着实让我吃了一惊，这么大年纪还在做保险！其他的人也一样，而且个个看起来那么年轻！寿险绝对是一个终身事业，就像陈年老酒一样，越来越好，越陈越香，以前做明星的时候，我很怕讲自己的实际年龄，最好年年都 20 岁；做了寿险业务员以后，在这里，我可以告诉大家，我今年 42 岁。

有什么工作能像这份工作一样，不需要本钱，也不需要看老板脸色，也不怕被炒鱿鱼，然后，还可以越老越好。伙伴们，你们才刚刚起步，才两年的时间，我真羡慕你们。同时，我最后悔的是，我没有 6 岁的时候，就开始做保险！

谢谢大家！

（罗圣伟根据录音整理，未经本人审阅。）

第4頁 · 共4頁

搜尋：
亞洲保險皇后陳明利

陳明利微博

陳明利臉書
個人網頁

陳明利著作與全球巡迴演講相關請洽：

天心國際有限公司

電　話：0968604888

E-mail：0968604888c@gmail.com

國家圖書館出版品預行編目(CIP)資料

回到初心 : 華人保險天后陳明利的慕勤人生 / 陳明利著 .
-- 第一版 . -- 臺北市 : 樂果文化出版 : 紅螞蟻圖書發行 ,
2018.07

面 ;　公分 . --(樂經營 ; 13)

ISBN 978-986-95906-5-5(平裝)
ISBN 978-986-95906-6-2(精裝)

1. 成功法 2. 生活指導

177.2　　　　　　107010052

樂經營 13
回到初心 : 華人保險天后陳明利的慕勤人生

作　　者 / 陳明利
採訪整理 / 蔡明憲、郭顯煒
文字撰稿 / 郭顯煒、廖翊君文字團隊
總 編 輯 / 何南輝
行銷企劃 / 黃文秀
封面設計 / 引子設計
內頁設計 / 沙海潛行

發行 · 版權所有 / 天心國際有限公司
出　　版 / 樂果文化事業有限公司
讀者服務專線 / (02) 2795-3656
劃撥帳號 / 50118837 號 樂果文化事業有限公司
印 刷 廠 / 卡樂彩色製版印刷有限公司
總 經 銷 / 紅螞蟻圖書有限公司
地　　址 / 台北市內湖區舊宗路二段 121 巷 19 號 (紅螞蟻資訊大樓)
電　　話 / (02) 2795-3656
傳　　真 / (02) 2795-4100

2018 年 7 月 第一版 定價 / 680 元 (精裝) 480 元 (平裝)
ISBN 978-986-95906-6-2(精裝) ISBN 978-986-95906-5-5(平裝)